専門家も驚いた遺言・相続の内輪話

セブンセンス税理士法人
編著

FSC 金融ブックス

◆はしがき◆

相続の場では、思いもよらぬことが起こり得ます。知らない親族や知らない財産が発覚したり、あるいは逆にどこかへ消えてしまった財産の存在が明るみに出たり……。ただでさえ、家族の不幸に心を痛めている中で、相続の発生によって新たに知るこうした事実が、残された家族に混乱を生じさせることは容易に想像できることでしょう。

さらに相続は、遺産の取り扱いや分け方、遺言書をめぐる手続きの数々など、相続人にとっては慣れないことの連続です。見知った親族ですら思いもよらぬ主張をすることがあり、知らない顔に驚かされるばかりです。

著者一同の所属するセブンセンスグループには、税理士・公認会計士・

社会保険労務士・行政書士・相続診断士・ファイナンシャルプランナーなど相続やその周辺業務に関わるプロフェッショナルが多数在籍しており、毎年数百件もの相続税申告や相続手続きを処理しています。

たくさんの方々の相続の場に寄り添いながら感じることは、本当にご家族それぞれに違うかたちの相続があるということです。

本書では、著者一同がこれまで経験した事例や実際に起こったハプニングなどを基にして、思いもよらない相続の現場の数々をフィクションとして紹介しています。登場する人物・団体・名称等は架空であり、実在のものとは関係ありません。

フィクションですから、「まさか！」と思うかもしれませんし「架空の話だから大げさにしているのだな」と感じるかもしれません。しかし、『事実は小説より奇なり』です。ここに掲載したストーリーの数々は、読者の方々が分かりやすいようにシンプルにまとめたものであり、実際の話はより混乱を来していたと言っても過言ではありません。

本書は、そのような思いもよらなかった出来事を、ストーリーを読みながら、相続や遺言などの要点について、できるだけ分かりやすく紹介するように努めました。

相続は誰にでも起こることであり、そしていつ起こるかは誰にもわかりません。万が一の際には思いもよらぬことが起こり得るということを知ってもらうためにも、ぜひ本書をご活用いただければと思います。

本書が皆様の相続に関する不安や悩みを解決し、安心をもたらすものとなれば幸いです。

２０２２年12月　　セブンセンス税理士法人　著者一同

◆目次◆

column

自筆証書遺言に捺印がなく無効になった事例

画竜点睛を欠いた遺言書。たった一手間を怠った結末とは

遺言書があると言い残し、亡くなった祖父。そこに「不動産を孫に引き継ぐ」と書いたという。葬儀も終わり、落ち着いたところで、遺言書を開封することにした。家庭裁判所で開いたものの、実はその遺言書には“あるもの”が足りていないよう。果たして、この遺言の内容は有効なのか。不動産の行方は。

相続関係図

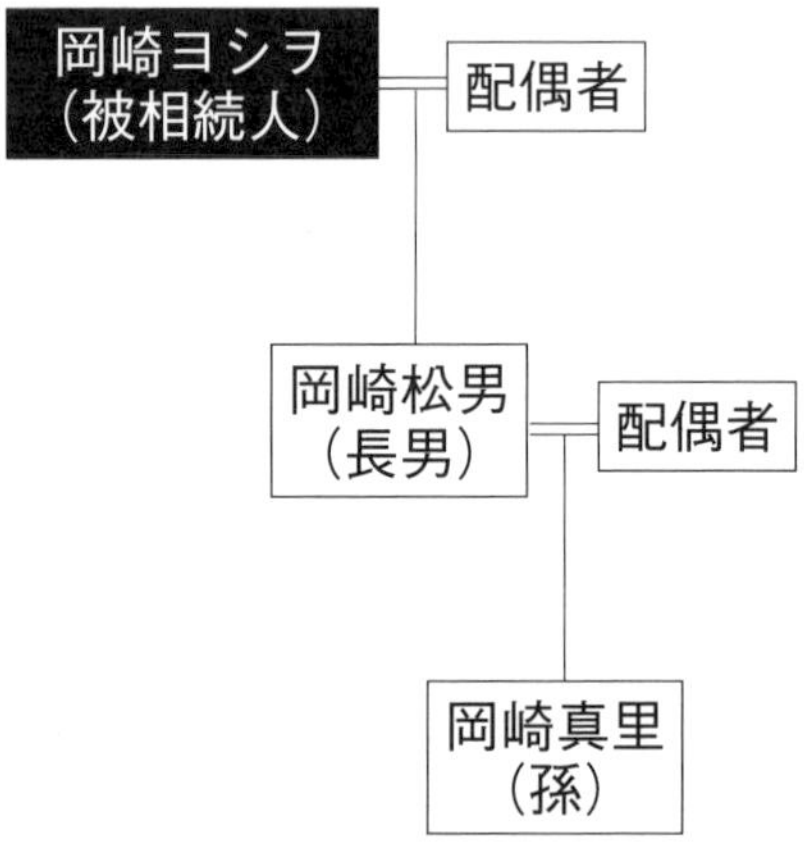

問題編

◆自筆証書遺言への違和感

「ご本人が自筆で書かれた遺言ですね？」

家庭裁判所の職員の問いに、岡崎真里さんはうなずきながら、優しい祖父の顔を思い浮かべました。亡くなった祖父、ヨシヲさんにとって、真里さんはたった1人の孫。とてもかわいがってもらったのです。

ヨシヲさんは、30代半ばに差し掛かった真里さんに自宅の土地、建物をゆずりたいと遺言書を書いていました。葬儀などが一段落し、遺言書を開封しようということになりましたが、「自筆証書遺言」は勝手に開けるわけにはいかないため、家庭裁判所にやってきたのです。

自筆証書遺言とは、本人がすべて自筆で書いた遺言書のこと。自筆証書遺言には、いつでも自分1人で作成できるというメリットがあります。証人も必要ないので、自分が死ぬまでは秘密にしておきたい内容でも安心して書き記すことができます。

思い立ったときに、手軽に作成できる自筆証書遺言ですが、一方で専門家のチェックを受けていないことはリスク。万が一、内容や形式に不備があっても、自分では気が付かない可能性が高いからです。

自筆証書遺言に対し、公証人という法律のプロに遺言の内容を伝え、証人2人の立ち会いのもとで作成してもらう遺言書を「公正証書遺言」といいます。公正証書遺言の作成には費用がかかりますが、公証人が作成するため形式や内容に不備のないものを作ることができます。原本は公証役場で保管されるので自筆証書遺言のように「遺言書があるはずだけど、どこにあるのかわからない」とか、「中身が勝手に書き換えられるかも」などの心配もないのがメリットです。

また自筆証書遺言は、発見したら開封せずに家庭裁判所へ持参し、「検認」という手続きをする必要があります。検認とは、家庭裁判所で初めて遺言書を開け、その自筆証書遺言が間違いなく亡くなった方の遺言であり、改ざんが行われていないことなどを確認し、開封後の偽造などを防ぐための手続きです。真里さんは、この検認のために家庭裁判所を訪れていたのです。

真里さん、真里さんの父親である松男さんは、生前にヨシヲさんから自筆の遺言書があることを聞かされていました。その遺言が「孫の真里に、自宅の土地、建物を引き継がせる」という内容であることも。

ヨシヲさんは、そのような遺言にする理由も話してくれました。松男さんが生まれ育ってきた岡崎家代々の家ですが、松男さんは結婚後、別の場所に家を構えていたため、妻に先立たれたヨシヲさんは1人暮らしでした。遺言がなければ、ヨシヲさんの死亡により代々の土地と建物は松男さんが相続し、いずれ松男さんが死亡すれば真里さんが相続します。つまり、岡崎家代々の財産と、松男さんが築いた財産の両方を、最終的に真里さんが相続することになるのです。ならば、相続税の面からも、代々の土地、建物は一代飛び越えて直接真里さんに遺贈したほうがいい、とヨシヲさんは判断したのでした。

さらにヨシヲさんは、遺言書の作成にあたって専門家にアドバイスを求めていました。確実に孫に遺すためには、遺言に間違いがあってはいけないと考えたのでしょう。真里さんたちは、ヨシヲさんから「専門家に相談して書いたから問題ない」と聞かされていたので、検認さえ済めばあとはスムーズに進むはず……と安心していました。

遺言書が開封され、検認される様子を見守っていた真里さんは、あることに気づきました。

「あれ？　印鑑がないけどいいのかな」

でも家庭裁判所の職員は、印鑑について何も言うことなく、検認は終了しました。

◆専門家に相談したはずが…

「あの……この検認が済んだら、遺言は有効っていうことですよね。印鑑はなくても大丈夫ですよね」

「家庭裁判所の検認で証明できるのは、本人が書いたまま、改ざんなどがされていない、ということです。遺言書の有効・無効を判断する手続きではありません」

真里さんは家庭裁判所を後にしました。慣れない不安な手続きから開放されたはずなのに、すっきりしません。

「検認は遺言が有効かを決めるのではないってどういう意味かな」

家庭裁判所の職員の言葉が、どうしても引っかかっていたのです。

「でも遺言書を作るときに専門家に相談したって言ってたし、おじいちゃんが書いたことは証明されたんだから、きっと大丈夫」

自分に言い聞かせながらも、不安は募るのでした。

その夜、真里さんは父に、開封してみたら遺言書に印鑑がなかったこと、また家庭裁判所の職員に言われたことを話しました。

「どうしても気になって……」

「たぶん問題ないと思うけど、一応、いつもいろいろと相談している税理士さんに聞いてみるよ」

数日後、税理士から松男さんに電話がかかってきました。話を聞きながら、松男さんは青ざめていきました。電話を切った松男さんは、真理さんに言いました。

「印鑑がないとだめだって！」

「検認では間違いなくおじいちゃんが書いたものだって……」

「本人が書いていても、印鑑がないと有効じゃないって！」

「え？　有効じゃないって、どういうこと？」

果たして、この遺言書に書かれたヨシヲさんの思いは、実現されるのでしょうか？

解説編

◆自筆証書遺言と検認手続き

故人本人が遺言書を書いたことは確認されたのに、印鑑がないから有効ではないとは、どういうことでしょう。

家庭裁判所による検認は、相続人に遺言の存在と内容を知らせると同時に、遺言書の形状や状態、日付、署名など、その日時点の遺言書の内容を明確にして、遺言書の偽造・変造を防止するための手続きです。おおまかな手順はこうです。

①遺言書を発見した人（あるいは保管していた人）が、家庭裁判所に検認の申し立てを行う
②家庭裁判所から、検認を行う日が通知される

③検認の当日は、出席した相続人などが立ち会い、裁判官が遺言書を初めて開封し、検認する
④検認が終わったら遺言書の執行に必要な「検認済証明書」を申請する

そして、その後も改ざん等がないよう、検認時点の状態で保管されます。家庭裁判所の検認の範疇はここまでです。

次は、遺言書として有効か、つまり自筆証書遺言が、民法で定められた形式通りかどうかという判断です。

◆意図は明確だけれども…

民法では、自筆証書遺言は、全文、日付、署名を自筆したうえ、捺印が必要と定めています。ヨシヲさんの遺言は自筆で書かれており、内容も明確で、自筆の日付と署名もありました。

ただ、非常に残念なことに捺印が欠けていました。完璧な内容だったにもかかわらず、最後の一押しが足りなかったのです。自筆証書遺言に必要とされている捺印がなければ、様式に不備があるため、遺言書としては無効とされてしまいます。松男さんから「捺印がない」と相談された税理士は、何とかできないかと司法書士を通して法務局にも掛け合ったそうですが、「民法が定める形式に適合しなければ無効」という判断を覆すことはできませんでした。

その結果、ヨシヲさんの孫への思いがこもった遺言書は、使用することができませんでした。不動産の名義変更手続きに使用することはできず、岡崎家代々の土地と建物は、真里さんでなく、松男さんに引き継がれることになったのです。

◆手軽さゆえの落とし穴

今となっては、ヨシヲさんと、ヨシヲさんにアドバイスをした専門家のやり取りを確認するすべはありません。専門家が捺印するよう伝えなかったのか、伝えたのにヨシヲさんが捺印を忘れたのか、誰にもわかりません。ただヨシヲさんは「専門家にアドバイスをもらって遺言書を作ったから、問題なく真里に引き継げる」と安心しきっていたはずです。また真里さんと松男さんも、検認を終えるまで何の疑いも持っていなかったでしょう。考えれば考えるほど、残念な結末です。

1人で、手軽に作成できる自筆証書遺言の怖さは、ここにあります。法律に詳しくない一般市民が、一生に一度あるかどうかという遺言書を書くのですから、落とし穴に落ちていてもまったく気が付きません。それがわかるのは、遺言を書いた本人が亡くなり、遺言書を家庭裁判所で開封してからなのです。

松男さんは、父の思いを実現できなかった悔しさ、アドバイスをしたはずの専門家への怒り、まったく疑っていなかった自分への後悔など、さまざまな思いをどうしてよいかわからなかったと言います。

提案編

◆小さなミスで後悔しないために…

では、どうしておけば残念な結末を避けられたのでしょうか。

一つは、自筆証書遺言ではなく、公正証書遺言を作成するという方法です。先に紹介したとおり、公正証書遺言は、公証人に作成してもらうため落とし穴に落ちることなく、有効な遺言書を作ることができます。原本は公証役場に保管されるので、紛失や偽造の危険性もありませんし、検認も必要ありません。証拠能力の点でも、遺言書としての有効性の点でも、安心な方法と言えるでしょう。

もう一つは、「自筆証書遺言書保管制度」を利用するという方法です。これは自筆証書遺言を法務局が保管してくれるという制度で、いろいろなメリットがあります。

まず、法務局が適正に保管してくれるので、紛失や改ざんなどの心配がありません。家庭裁判所での検認も必要ありません。また遺言を書いた方（遺言者）が死亡すると法務局にも通知されるため、遺言者が指定した人（1人）に対して、遺言が保管されていることを連絡してくれます。もし死亡するまで遺言を秘密にしておきたい、遺言を作成したことを誰にも知らせていないという場合でも、これなら安心です。

ヨシヲさんの事例に関連して、自筆証書遺言書保管制度の最も重要なメリットは、自筆証書遺言の保管を申請すると、民法で定められた形式に合っているかどうかチェックしてくれることです。内容の相談はできませんが、ヨシヲさんの遺言のように、捺印がないというだけで無効になってしまうような事態は避けられます。

◆困る前に、専門家へ相談

さらに自筆証書遺言を作成するにあたってアドバイスを求めるなら、弁護士・司法書士等の適切な専門家に相談することをおすすめします。

遺言書は、自分の思いを次世代につなげる有効な手段。思い込みや勘違いがないよう、念には念を入れたいものです。

column

ハンコは認印でもよいのか

自筆証書遺言は、本人が全文、日付、氏名を自筆、捺印することと定められています。では捺印さえすれば何でもよいのでしょうか。

実は法律では、捺印の種類までは定めていません。つまり、ハンコは実印でも認印でもよいということになります。さらに指印（親指以外の指の印）が有効とされた判例もあり、拇印、指印でも捺印したことが認められると考えられます。つまり自筆証書遺言の捺印は、認印でも、指印でも基本的には問題ないのです。

ただし、家庭裁判所での検認を経て開封された遺言書でも、その有効性を巡って争いになる場合があります。「捺印が本人のものかどうか」ということが、争点の一つとなる可能性もゼロではありません。もし拇印、指印が押されていれば、本人は亡くなっていますから確認できません。認印は亡くなった方の自宅を探せば見つかるかもしれませんが、確実ではありません。これらに対して実印は、印鑑証明書と照らし合わせることができるので間違いなく確認できます。

認印でも指印でも問題ないと言うものの、余計な疑念や争いの材料を残さないという点で、やはり実印がよいのではないでしょうか。

家族に内緒で法定相続人を増やし、心理的にこじれた事例

甥が弟に?! 義姉が妹に?! 突然増えた兄姉に 遺産分割協議は大混乱

昔から農業を営む家族の事例。父の死亡により、その妻、子（長男・二男・長女）が相続することになった。しかし、いざ相続開始となると、長男家族と父とで養子縁組を行っていたため、法定相続人が増えていた。しかも、二男・長女はその事実を知らず、事実を知った2人は……。

相続関係図

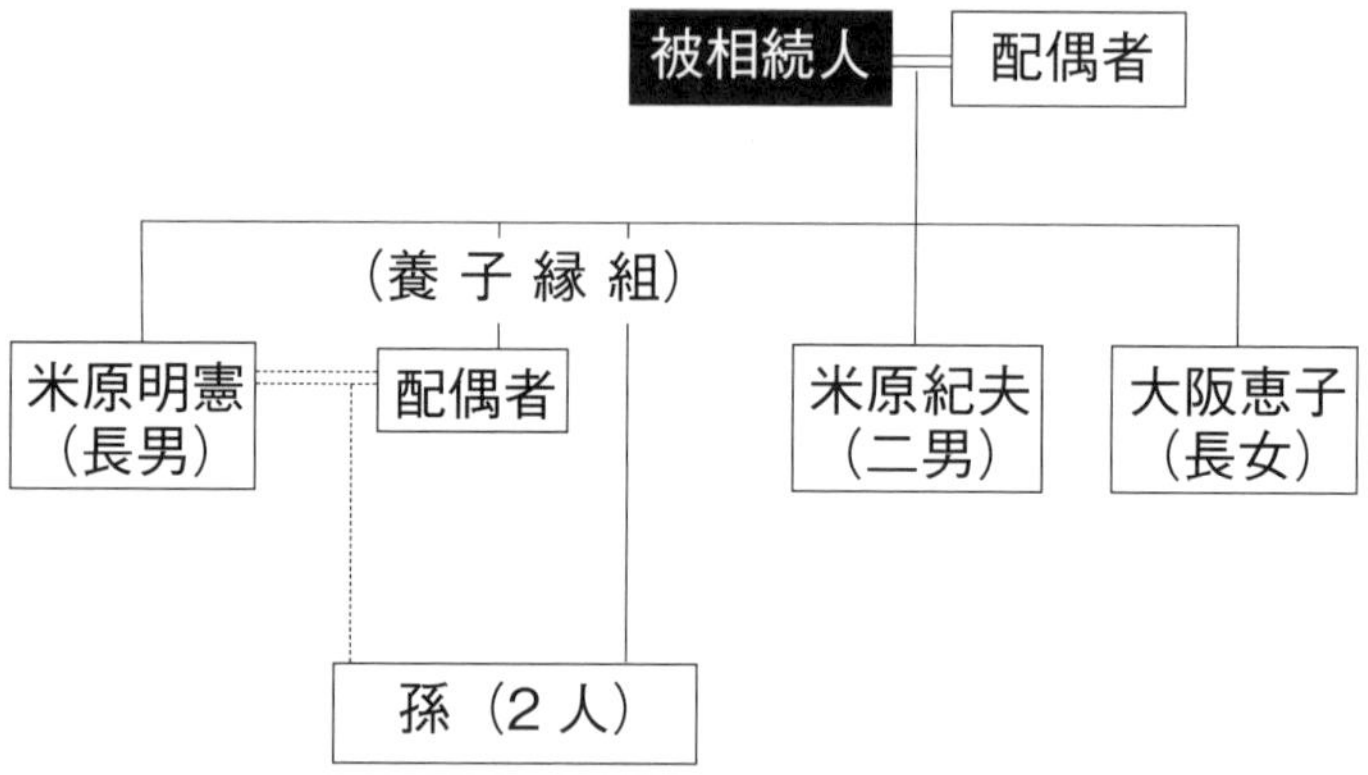

問題編

◆知らぬ間に増えた妹弟?

「えっ、私たち6人兄弟になってるわよ」

戸籍謄本を見て、突然、声を上げたのは今年56歳になった大阪恵子さん。

すっとんきょうな声に、4つ上の兄である紀夫さんが言いました。

「どういうこと? だって、俺たちは3人兄弟だろ?」

「それが……」

米原家は長男の明憲さん、二男の紀夫さん、長女の恵子さんの3人兄弟でした。ところが、戸籍を確認すると弟が2人、妹が1人、合計3人が増えていたのです。

机をたたきながら、恵子さんは怒り心頭。

「これは絶対、明憲兄さんのせいよ……」

先祖代々、農業を営んできた米原家。田んぼは3ヘクタールもあります。

家業である農業は、お父様とお母様、そして同居している長男の明憲さん一家で営んできました。

ところが年明け間もない2月、お父様が亡くなってしまいました。徐々に体を弱らせていたため、周囲も本人もあまり長くはないと感じてはいましたが、突然のようにも感じました。

しかし、そのような気持ちとは関係なく始まるのが相続です。亡くなった方の財産上の権利や義務を受け継ぐことを「相続」と言います。そしてたいていの場合は、相続する人は1人ではなく、何をどのように分けるのかを決めることになります。

お父様は遺言書を作っていなかったことから、米原家では、相続する人たちで分け方を決める必要がありました。

そこでまず一般的な手順として、相続する人、つまり「法定相続人」を確認しようと戸籍を見たところ、冒頭のように恵子さんは驚いてしまったのです。まさか弟妹が増えているなんて恵子さんも二男の紀夫さんも想像すらできませんでした。

「これは……兄貴のせいだな」

紀夫さんも恵子さんの言葉にうなずきました。

この3兄弟、実は幼い頃からあまり仲がよかったとは言えませんでした。

特に、長男の明憲さんと、紀夫さん・恵子さんは反りが合いませんでした。家業は長男が受け継ぐという〝ある種の決まりごと〟があったため、明憲さんが手伝うことに。二男の紀夫さんはそもそも体が弱く、農業はできないと考えていましたが、これ幸いと離れて暮らしました。一方の恵子さんは、結婚相手の実家の近くに住むことになり、結局、米原家とは疎遠に。2人とも、明憲さんとは、もう何年も会っていない状況でした。

「おい、しかも、これって……」

何かに気づいた様子の紀夫さんは戸籍に書かれた弟妹の名前を指さしました。恵子さんもそれを見て、はたと気づきました。

「嘘でしょっ?! これって、義姉さんじゃない！こっちは甥っ子たち！」

そうなのです。実はお父様と、明憲さんの奥さん、子どもたちが、養子縁組をしていたのです。

◆一家の相続分を増やしたいがために

この狙いは何でしょう。

皆さん、よく知られているように、亡くなった方の子どもは法定相続人となり、法律で決められた一定の割合を相続することができます。この一定の割合のことを「法定相続分」と言います。

子どもの場合、その頭数の分だけ均等に分けられます。

つまり、明憲さんの奥さん、甥っ子たちが、お父様の「子ども」になったということは明憲さん一家の法定相続分が増えるということ。

「なんて、あからさまなの！ しかも、わざわざ養子縁組までするなんて」

「手がこんでるというか、乱暴というか……信じられないなあ」

「明憲兄さんの顔も見たくないわ。私から電話で抗議しておくわ！」

こうなると、遺産の分け方も決められません。遺産の分け方を決める遺産分割協議に期限はありませんが、相続税の申告期限は10カ月以内。遺産分割協議を調えることは、相続税を控除できる特例を受ける要件にもなっているため、期限はないと言っても無視できる話ではないでしょう。また、遺産から納税を行おうと思っても、基本的には遺産分割協議が調っていないと、手をつけることはかなわないのです。

◆平行線をたどった話し合い

さて、一方の明憲さん。電話越しに恵子さんから怒りをぶつけられ、しゅんとした様子。

「あなた、どうかしたの？」

妻から声をかけられました。

「いや、恵子からの電話でなぁ。『養子にまでして財産を取ろうとするなんて信じられない』って言うんだよ」

「まあ気持ちはわからないでもないけれど、あなたが家業を継ぐわけだし、農地は大きいんだしねえ」

「そうだよなあ。むしろ、親父と話し合って、生前対策として養子縁組した俺たちの気持ちをわかってほしいよ。そんなに悪いことをしたわけじゃないのになぁ」

明憲さんには紀夫さん・恵子さんの気持ちがまったくわからないようでした。


仲がよくなくても、これまではお父様が生きていたため、どうにかまとまっていた3人の兄弟たち。しかし、いざお父様が亡くなってみると、まとめ役がいません。

この場合、お母様が3人の子どもをいさめるというやり方もあるかもしれません。

ただ、お母様は認知症が始まっており、お父様が亡くなったこともあまり理解できていないよう。明憲さん一家も、お母様の世話をしていたこともあり、財産が多くもらえるのは当然と考えています。ましてや、養子縁組をして法律上、認められる権利なのだから、と。

こうして、埒が明かない米原家の相続問題は、第三者である専門家の力を借りることになったのです。

解説編

◆家制度は移り変わり…

かつての民法では、家督相続という制度で「長男がすべての財産を相続する」というルールになっていました。

財産を無理に分けてしまうと、結果的に家にあったはずの財産がどんどんと失われてしまうことにもなりかねません。ですから、過去の家督相続という制度のメリットがなかったわけではありません。

しかし、現代は「長男がすべて……」とは、なっていません。

遺言があれば原則としてその遺言の内容にしたがって、遺言がなければ相続人全員の同意に基づいて遺産の承継を行うことになります。

遺産がすべて現預金であれば、単純に割り切ることもできますが、実際は家や車など、さまざまなものが遺産となります。

この米原家のように農業を営んでいると、農地も遺産です。

そして、土地というのが実は厄介。不動産は、分けづらく、しかもすぐに現金化しづらいものです。特に農地ともなれば、分け方によって、農業がしづらくなる可能性があります。さらに、先祖代々受け継がれてきた土地ともなれば、分散させたくはないという気持ちになります。

かと言って「長男が農地、二男・長女は現金」と分けるには、現金が少ない状況にありました。

そこで、長男家族の取り分を多くしたいという気持ちはわからないでもありません。

ところが、二男・長女には何も言わずに、養子縁組をするという方法をとったため、心理的にこじれてしまいました。

専門家は長男側、二男・長女側と双方と個別に面談を繰り返すこと約半年。気持ちを解きほぐすことも難しいものがありました。「どこまでいけば話がまとまるのか……」と思えば関係者皆のストレスが募りました。

◆遺産分割協議はまとまったが

この相続はふとしたことから落としどころが見つかりました。

約半年の面談のあいだに、二男の体に不調が現れたのです。もともと体の弱かった二男はストレスも相まって、体調不良に。入院も必要な状態になりました。ところが二男は入院費が手元にはありません。

「少なくてもいいから現金が必要」という事態になったのです。

「分け方にこだわるよりは、入院費が今すぐにでも欲しい……」と二男。

この思いを聞いた専門家は長女にも意向を聞きました。

「……明憲兄さんたちが得するのはしゃくだけれど、紀夫兄さんの体も心配だし」

こうして、二男と長女は歩調を合わせて、希望よりは少ないけれど現金を受け取ることを承諾。

専門家は、最後に関係者を一堂に会する場を設け、ようやく遺産分割協議がまとまったのでした。

しかし、先のとおり、現預金があったわけではありません。いくら二男・長女が受け取る金額がもともとの希望よりも少なかったとしても、農地を売却して現金化して分割せざるを得ませんでした。

長男と二男・長女とは絶縁状態に。３人の実家である、被相続人の仏壇のある長男宅には二男・長女は足も向けず、長男も敷居をまたがせないという気持ちのしこりが残りました。

その後、一周忌も三周忌も、子どもたちがそろって弔うことはなかったそうです。

◆気持ちのケアは入念に

本来のお父様、長男の明憲さんの気持ちとしては「先祖代々の土地を守り、次世代へ引き継いでいきたい」ということだったのでしょう。

しかし、他の兄弟に遠慮してもらうということをもしも考えるにしても、他の兄弟の気持ちは当然汲まないとスムーズには進みません。むしろ協力を仰がなければいけない立場なのですから。

この例では、気持ちを逆なでする対応だったことがおわかりいただけると思います。

相続が始まり、蓋を開けてみたら「兄弟が増えている」というのは、やはり感覚として気持ちがいいものではないでしょう。

◆必要だったのは…

ここで踏むべき手順は、まず、遺言書の作成であったと思います。先祖からの土地を代々守っていくために長男に多くの財産を引き継がせるという趣旨の遺言書を作り、作成したタイミングであらかじめ二男や長女に事情を説明しておく必要があったのではないかと思います。

二男・長女にとっては、養子縁組によって一次相続の相続分が1／6から1／12になっています。ただ、仮に長男に全て相続させる旨の遺言書があっても遺留分請求できるのは同じ1／12なので、養子縁組によらず遺言書の作成で対応していれば兄弟間で絶縁状態までいってしまうことは、そもそもなかったのではないかと思います。

column

相続人とは？被相続人とは？

相続の場で、よく聞く言葉が「相続人」と「被相続人」です。それぞれ、どんな人を指すのでしょうか。

財産を受け継ぐ、受け取る人を「相続人」といい、財産を受け渡す人、つまり亡くなった人を「被相続人」といいます。

たとえば父親が亡くなって、財産を配偶者と子どもが受け継ぐ場合、配偶者と子どもは相続人、父親は被相続人です。普段の生活では使わない言葉ですが、相続の手続きではしばしば登場しますから覚えておくとよいでしょう。

民法では、財産を受け継ぐ権利を持っている人を定めています。これを「法定相続人」といいます。遺言書がない場合には、法定相続人で財産の分け方を協議することになります。法定相続人になれるのは、配偶者と血族だけです。そのため、それ以外の人へ財産を受け継がせたいと考えた場合には、遺言書を作ることになるのです。

異母兄弟の存在と代襲相続により、不本意な財産分割になった事例

亡父に前妻がいた?!
見知らぬ親戚の
思わぬ主張に四苦八苦

仲のよい姉と弟。2人とも配偶者も子どももなく、両親はすでに他界。2人の他に親類縁者はいない、と思っていたが……。弟が亡くなり相続が始まると、亡き父には前妻がいたことが判明。しかも、その前妻には子もいて、孫もいる。見知らぬ異母兄弟の存在に戸惑う姉。そして姉の驚きはこれに留まらなかった。

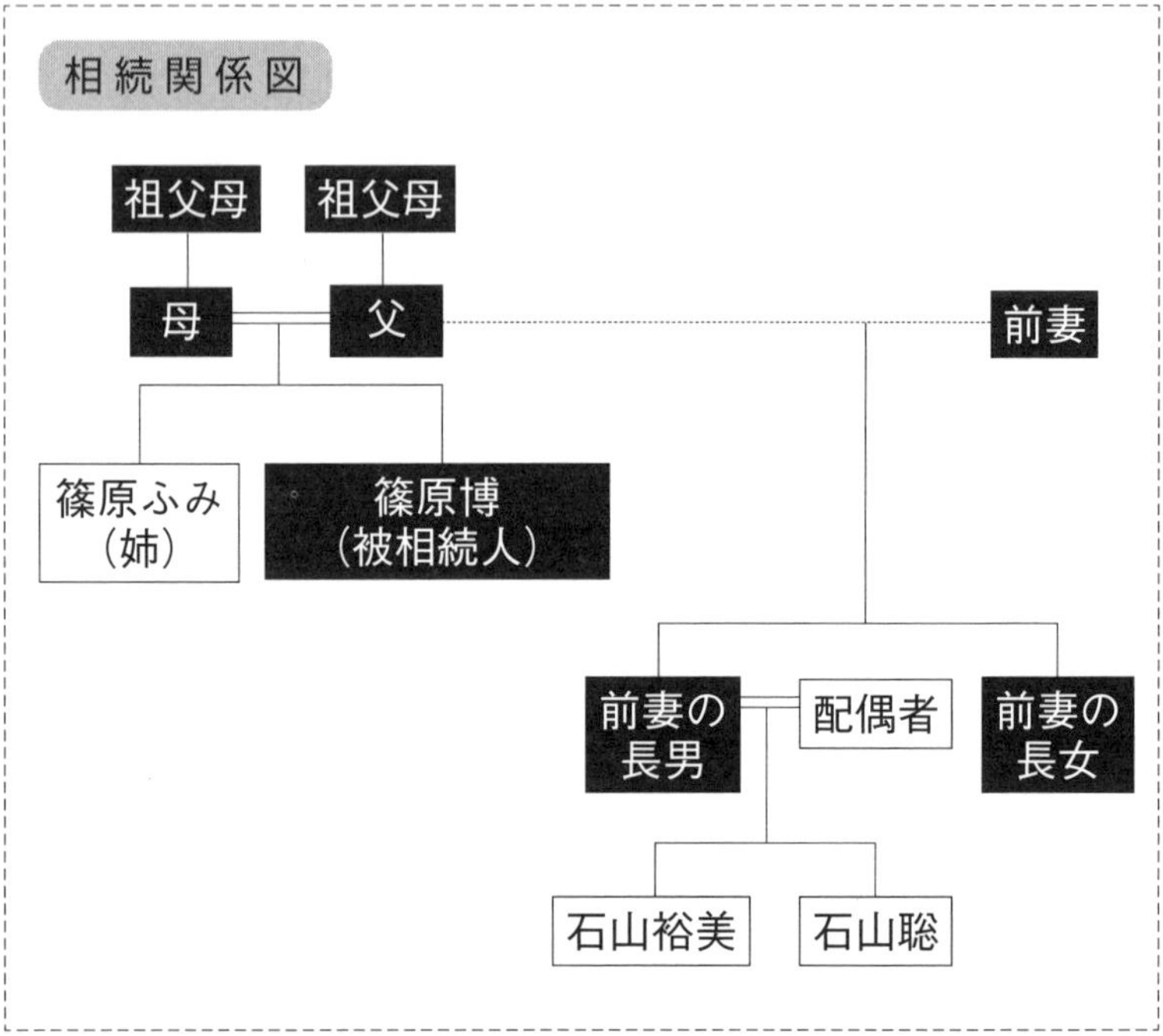

問題編

◆相続人が他にいる？

78歳の篠原ふみさんは、「ついに1人になったわね」とつぶやきました。亡くなった1つ年下の篠原博さん、ふみさんとも未婚。子どももいません。

博さんはビジネスセンスのある人で、事業を起こし、成功していました。博さんの財産は、3つの金融機関に預けられています。相続するのは姉であるふみさん1人ですから、遺産の分け方を誰かと協議する必要はありません。相続などの手続きも、あまり難しいことはないだろう、とふみさんは考えていました。

難しくなさそうとはいえ、相続税の申告や金融機関の解約などをしなければなりません。ある日、ふみさんは法律事務所に相談に出かけました。

「博さんにお子さんはいらっしゃらなくて、ふみさんと博さんは、おふたりのご姉弟ですね」

「はい。ですから相続人は私だけかと」

「そのようですね。ただ相続に関するいろいろな手続きでは、相続人がふみさんおひとりであることを証明しなければなりません。まず博さんやご両親の戸籍を取り寄せて確認することになります」

ふみさんは委任状を書き、預貯金の通帳を託し、法律事務所に手続きを頼むことにしました。

「家族が他にいなくても簡単にはいかないのね。お願いできてよかったわ」

ふみさんは、大船に乗ったつもりでした。それから約1カ月の間、ふみさんは、相続のことはまったく心配していませんでした。何か必要なものや、知りたいことがあれば、法律事務所が連絡してくるだろう、と考えていたのです。

◆亡父の過去に直面

そんなある日、法律事務所から電話がかかってきました。

「お父様は、再婚だったのですね」

「父が再婚って……母は2人目の妻だったという意味ですか？」

「はい。戸籍をたどったら前の奥様がいらっしゃいました」

「えー?!　知らなかった……」

ふみさんは、衝撃の事実に言葉を失いました。お父様は、ふみさんたち姉弟が小さい頃に亡くなっており、母親からもそんな話は聞いたことがなかったのです。「お母さん知っていて黙っていたのかしら。博は知っていたのかしら」ふみさんは混乱していました。

「それで、前の奥様との間にお子さんがいらして、相続人にあたるので……」

「え？　子ども？　相続人？」

ふみさんは、倒れそうでした。

翌日、法律事務所の人は戸籍を一式持ってふみさんを訪れ、図を描きながらゆっくり、丁寧に説明してくれました。

ふみさんのお父様は、前妻と離婚し、2年後にふみさんのお母様と再婚していました。前妻との間には、2人の子どもがいます。この2人はふみさん、博さんの兄弟姉妹にあたり、博さんの財産を相続する権利がある、というのです。

さらに続きがありました。父親の前妻の長男はすでに亡くなっているため、その子どもである石山裕美さんと石山聡さんが「代襲相続人」になると……。

◆権利を引き継ぐ「代襲相続人」

どうしてこのようなことになるのか、相続の仕組みについて少し説明しましょう。

法律で定められた法定相続人には相続人となる順位があります。まず配偶者は無条件に相続人です。配偶者以外の相続人は、子ども（第1順位）、子どもがいない場合は親（第2順位）、親もいない場合は兄弟姉妹（第3順位）と、順番が決まっています。博さんの場合は子どもがなく、両親も他界しているため、第3順位の兄弟姉妹が相続することになります。

各順位の相続人が亡くなっているなどの理由で相続できない場合、その次の世代、あるいは前の世代が相続の権利を引き継ぐことを代襲相続と言います。第1順位の子どもが亡くなっていても孫がいれば孫へ、第2順位の親が亡くなっていても祖父母がいれば祖父母へと引き継がれます。甥・姪より下の世代に代襲はないですが、子どもが複数人いれば、子ども全員が代襲相続人。つまり代襲相続が発生すると、相続人が増えることもあるのです。

「弟も私も、一度も見たことも聞いたこともない人が、博の財産を相続するのですか？」

「はい、そういうことになりますね」

「向こうだって、博のことも私のことも知らないですよね」

「おそらく、そうでしょう。それでも法律上は、相続する権利があるのです。でも、相手の方が相続の権利を放棄する可能性も十分にありますから」

「……」

ふみさん1人と思っていた相続人は、ふみさん、亡父の前妻の長女、裕美さん、聡さんの4人になってしまいました。

法律事務所の人を送り出した後、しばらくの間、ふみさんは茫然自失の状態でした。ルールは何とか理解できましたが、心が追いつきませんでした。

博さんの財産は、どうなったのでしょうか。

解説編

今まで存在すら知らなかった人が、突然、相続人として現れ、ふみさんの状況は激変しました。

◆相続放棄の提案

ふみさんとしては、博さんががんばった結果である財産を、見ず知らずの人に分けるのは納得いきません。新たに見つかった相続人には「相続放棄していただき、その代わりに署名、捺印などに対するお礼として100万円をお支払いする」という提案をすることにしました。つまり、博さんからの相続ではなく、ふみさんからの贈与にすることにしたのです。

「相続放棄」とは、相続する権利を放棄すること。相続人はマイナスの財産（借入など）も相続するため、プラスの財産よりマイナスの財産のほうが多い場合などに行われるのが一般的ですが、3カ月以内に家庭裁判所に申し立てしなければならず、あまり時間はありません。相続放棄すると、その人は最初から相続人でなかったと見なされ、残った相続人で財産を分割することになります。

◆見知らぬ相続人の強引な主張

さて、ふみさんのその後です。まず、亡父の前妻の長女に連絡を取って事情を説明しました。彼女は、相続の権利が発生したことにとても驚いていましたが、相続放棄、100万円の謝礼の申し出は快諾してくれました。

続いて、代襲相続人の石山裕美さん。祖父が再婚していたことも、再婚後に子どもがいたこともまったく知りませんでしたが、相続放棄、100万円の謝礼の提案を受け入れてくれました。

「みなさん、私の気持ちをよくわかってくださって、ありがたいわ」

ふみさんは、スムーズに進みそうで安堵していました。

最後に代襲相続人の石山聡さんに連絡。聡さんも「寝耳に水」と驚いていました。相続放棄、100万円の謝礼について話をすると……。

「私に数千万円を相続する権利があるということですよね。そういうことでしたら、相続したいのですが」

「でも、博とは面識もないですし……」

「権利があるならば、行使したいです」

さらに困ったことに、一度は提案を承諾していた裕美さんも、聡さんに相談したのか「相続したい」と言ってきたのです。

ふみさんは、やはり納得できませんでしたが、難航する話し合いに自分で対応することも難しく、どうしたらよいのかわからなくなりました。そこで、知り合いから相続に詳しい弁護士を紹介してもらい、間に入ってもらうことにしました。

相続は、できれば当事者間の話し合いで合意したいところですが、残念ながらしばしばトラブルになることがあります。財産に不動産が多い、親族間の仲がよくないなどもめそうな相続、また話し合いを始めたもののまとまらない相続などでは、弁護士を立てるのは有効な選択肢です。相続に関する法律や制度に詳しい弁護士は、相続人の代理人として相手方との交渉にあたってくれるので、気の重い話し合いを任せることができます。ただ、費用がかかりますし、その後の親族関係が良好でなくなる可能性もありますので、よく考えて依頼することをお勧めします。

◆相続争いに疲労の顔色

ふみさんの交渉はどうなったでしょう。弁護士は、ふみさんに代わって粘り強く交渉を続けてくれました。しかし裕美さん、聡さんはますます態度を硬くし、譲歩する気配もなくなってきたため、結局ふみさんが折れるしかありませんでした。ふみさんは、納得できたわけではありませんが、不思議なことにホッとしていました。この〝争族〟の状態に疲れていたのです。名前と顔以外は知らない相手のことを、「嫌い」になりかけている自分もイヤでした。

「博、こんなことになっちゃった。ごめんね」

ふみさんは、笑顔の博さんの写真に向かって言いました。おおらかな博さんが「ふみちゃん、親父にやられたね」と笑っているように見えました。

◆知られざる母の苦労

ふみさんは、亡き父親に前妻がいたことで、相続のトラブルに巻き込まれ、不本意な結果を受け入れざるを得ませんでした。

お父様は、ふみさんと博さんが小さい頃に亡くなっているようですから、おそらくお母様も、お父様の相続のときに、前妻の子どもとの相続のことで、今回のふみさんと同じような苦労を経験していたのではないでしょうか。しかし、どういう理由かわかりませんが、お母様はふみさんや博さんに、お父様が再婚であること、他にも兄弟姉妹がいることを伝えていなかったのです。

もし博さんが、父に前妻がいて子どももいることを知っていたら、そして相続で問題になりそうだと気付いていたら、ふみさんにすべての財産を譲るという遺言を作っていたかもしれません。そうしていれば、兄弟姉妹には遺留分（法定相続人に法律上保障されている最低限の遺産取得分）もないため、その代襲相続人である聡さん、裕美さんが権利を主張することもありませんでした。

しかし博さんが父の前妻のことを知らなかったとすると、前もって親の戸籍をたどって調べる……などということは、よほど家系に興味のある方でなければ、あまり現実的ではないでしょう。

◆子どものいない方は遺言書の作成を

子どものいない方の財産相続は、兄弟姉妹が相続することが多くなります。博さんに子どもがいれば、すべての財産は子ども（配偶者がいれば、配偶者と子ども）が相続しますから、シンプルだったはずです。相続人が兄弟姉妹となると、親の戸籍をたどることになり、結果、ふみさんの事例のようにトラブルになることも珍しくないのです。

このような事態にならないための最善策は、やはり遺言です。特に子どものいない方は、遺言書を作っておくべきでしょう。

column

士業の役割

相続の際には、普段やり慣れていない手続きや専門用語に触れる機会が多くなります。その場合に頼りになるのが専門家です。しかし、専門家もまた、多くの方にとっては馴染みがないかもしれません。そこで、ここでは士業《しぎょう》と呼ばれる5つの専門家について紹介していきましょう。

「税理士」は、受け継いだ財産にかかる相続税など、税金のことを中心にサポートする専門家です。生前対策の相談から申告まで、幅広く対応できます。次に「弁護士」は法律のプロフェッショナル。遺産の分割でもめる等、相続に関係するトラブル解決の手助けをします。続いては、不動産の名義変更登記の専門家「司法書士」。土地や建物などの名義変更について詳しく把握しています。そして「行政書士」は、遺言書や遺族年金等の遺産分割協議書等の書類の作成を主な業務としています。また「社会保険労務士」は、遺族年金などの、年金に関することが専門分野です。

士業は、それぞれの分野におけるスペシャリストです。相続の問題は1人で抱え込まず、ぜひ専門家に相談してみてください。

離婚したはずの兄嫁が現れ不公平な財産分割を余儀なくされた事例

亡くなる直前の再婚に疑惑噴出！婚姻無効は成り立つか？

兄の葬儀に、離婚したはずの兄の元妻が現れた。立ち振る舞いは妻そのもの。よりを戻して再婚したようだが、それは兄の死去1カ月前。そのまま遺産分割協議に入ると、あったはずの財産がなく、母の年金も兄が使ってきたことが発覚。さらに遺産まで兄嫁に取られては母の生活が危うい。妹は立ち上がった。

相続関係図

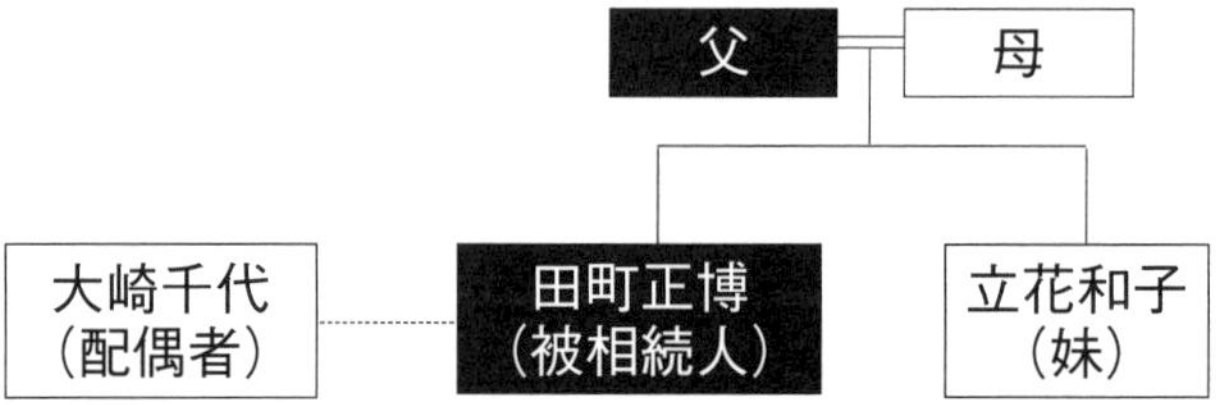

問題編

◆別れたはずの兄嫁現る

「和子ちゃん、あの人、お兄さんと別れたんじゃなかったの?」

親戚からのひそひそ話に、立花和子さんはゆっくりと息を吸ってから返事をしました。

「ええ。でも、よりを戻したみたいなの……」

今日は、和子さんの兄、正博さんの通夜。親族が集まっています。その中で、正博さんの別れた妻、大崎千代さんは、ひときわ目立っていました。まるで長年添い遂げた妻のように参列者に挨拶をしたり、葬儀社のスタッフと話をしたり。千代さんのそんな振る舞いには、親族たちから奇異のまなざしが注がれていました。正博さんと千代さんがよい別れ方でなかったことは、親族も皆、知っていましたから。

正博さんと千代さんに子どもはいません。離婚後、正博さんは実家に戻って、お母様と2人で暮らしていました。正博さんは、1年ほど体調がよくなく、和子さんは、たびたび実家を訪れ、兄の様子を見たり、母の世話をしたりしてきました。

和子さんは実家に向かって車を走らせていたとき、反対側から来る千代さんの車とすれ違ったことがありました。和子さんは「うちに来ていたのかしら」と思いましたが、ほとんど喧嘩別れだった2人の離婚を考えると、訪ねてくる理由は思い当たりませんでした。

正博さんにそのことを話すと……

「用事があるから来てもらったんだ」

「今さら何の用事があるの？」

「千代と再婚しようと思って」

「え!?」

和子さんは、ただ呆気にとられるばかり。兄が本気で再婚したいと考えているとは、どうしても思えませんでした。

正博さんが亡くなったのは、再婚の話を聞いてから約2カ月後。和子さんは、正博さんからも、お母様からも、再婚したとは聞いていませんでした。「あんな人と再婚するはずない」と、和子さんは信じようとしていましたが、葬儀での千代さんの振る舞いを見ていると、不安は拭えないのでした。

◆遺産のみならず母の預金まで…

四十九日、納骨を済ませたある日、不安に押しつぶされそうになった和子さんは会計事務所を訪れ、事情を話しました。

正博さんは、お父様の遺産相続の際、遺産の整理、分割を代表して行い、不動産すべてと預金等の大半を正博さん自身が相続していました。その分割について和子さんは「母さんが相続しても、いずれ僕が相続することになるし、母さんのことは僕がちゃんと見るから」と説明され、そのときは「そういうものか」と軽く考えていました。

でも、正博さんが先に亡くなったことで、状況は変わりました。正博さんには子どもがないためお母様が相続することになりますが、もし本当に正博さんが再婚していたら、配偶者の千代さんに2／3が渡ることになってしまいます。

しかも、お父様からお兄様が引き継いだ預金は、数十万円単位で頻繁に引き出されており、和子さんが記憶している金額の半分以下に減っていたのです。

和子さんは、相続人確定のための戸籍収集と、正博さんの財産調査を会計事務所に依頼しました。報告を待つ間、頭の中の悪いイメージはどんどん広がっていきました。

２カ月後、和子さんは会計事務所からの報告を受けることになりました。

「戸籍を確認したところ、お兄様は、千代さんと再婚されていました。亡くなる1カ月前に」

「そんなぁ……」

「遺言書もありません。ですから、法律上は配偶者である千代さんが２／３の遺産を相続することになります」

「……」

和子さんの不安は、現実となってしまいました。

「それから、お父様からお兄様が相続された預金ですが、どなたかに贈与された形跡はないので、正博さんがお使いになったようです」

「お金の使い方が派手だったのは、そういうことね」

「えー、もう一つ報告がありまして……お兄様が管理されていたお母様の預金ですが、こちらもほぼ残高がない状態です」

和子さんは、にわかには状況を理解できませんでした。

「あの……それって、兄が使い込んだってことですか」

「状況から考えると、そのようなことかと……」

「えー! ひどすぎる」

和子さんは、泣きそうでした。

◆婚姻無効の申し立てへ

会計事務所の調査によると、正博さんの財産は、古い農家の自宅が2000万円、周辺の農地山林が500万円、金融資産などが2000万円、合計4500万円とのこと。これを法定相続分どおりに分割すると、2/3、つまり3000万円強は千代さんに渡ることになります。お母様は、今住んでいる家を失ううえに、相続税も納めなければなりません。しかも年金を貯めてきたはずのお母様の口座は、ほぼ空なのです。

和子さんの失望は、だんだん怒りに変わっていきました。

「そんなのだめ！　あり得ないわ。お母さんがかわいそうすぎる。きっと兄さんはあの女にだまされたのよ。都合よく妻になって財産を持っていくなんて最低だわ！」

お母様の話によると、千代さんは、正博さんの妻であったと思われる1カ月の間、一度も家を訪れることはなく、正博さんやお母様の世話も一切しませんでした。

「そんな人に財産だけ持っていかれるのは許せない」

和子さんは母の生活を守るために、千代さんと戦うことを決意しました。母の代理人として弁護士を立て、まずは兄と千代さんの婚姻無効を申し立てることにしたのです。

婚姻無効の主張は、認められるのでしょうか。正博さんの財産は、どうなるのでしょうか。

解説編

◆火花が散る協議の結末

和子さんが、母の代理人として弁護士を立てたのに対し、相手側の千代さんも弁護士を立ててきました。和子さんは、正博さんと千代さんの婚姻無効を主張していましたが、勝手に婚姻届が提出された事実がないことなどから認められませんでした。

そうなると、今度は双方の弁護士による遺産分割協議です。

お母様が住んでいる自宅の土地と建物は2000万円ほど。そのまま住み続けるために家を確保すると、それだけで法定相続分である1／3を超えてしまいます。代わりに金銭を支払うという方法もありますが、お母様は預金が空なのですから不可能です。

自宅や農地山林を売却し、現金に変えて分割するという方法もありますが、山畑に囲まれた農家の古い家が簡単に売れるとは思えません。また農地は売却にいろいろな制約があるので、そもそも売却できない可能性もあります。

つまり、法定相続分どおりの分割は、現実に合わないということ。そこでお母様、和子さん側は、自宅の土地、建物と、使い込まれた年金分の預金の相続を主張しました。一方、千代さん側は、不動産を取得する気など毛頭なく、代わりに預金は全部相続すると主張しました。

両者とも歩み寄る気配はなく、弁護士による協議は難航。3カ月を要した遺産分割協議は、結局、このように決着しました。

お母様　：自宅の土地・建物、農地山林、預金400万円
千代さん：その他、一切の金融資産

和子さんは、この結果を喜ぶことはできませんでした。そもそも千代さんを兄嫁とは認めておらず、遺産を分割すること自体、納得していなかったのですから。でもいつまでも決まらない状況は、母のためにもよくないと思い、手を打たざるを得なかったのです。

◆対照的な相続後の暮らし

お母様は、15万円の相続税を納めました。その後も毎年、わずかな年金と引き継いだ４００万円から、古い農家の家と土地、農地山林の固定資産税を捻出しなければなりません。

一方の千代さんは、配偶者控除により相続税額は０円。そのうえ、相続したお金を早々に活用しているようでした。

「和子ちゃん。千代さんが、新しい外車を買ったみたいよ」

「……あ、そ。いいご身分ね」

提案編

◆過去の相続からのほころび

正博さんの相続は、なぜこのような事態になってしまったのでしょうか。

問題の根源は、お父様の相続の際に、自宅などの不動産も含め、遺産の大半を正博さんが取得したことにあります。当時の正博さんが何を考えてこうしたのかはわかりません。あるいは専門家に相談して、何かアドバイスを受けたのかもしれません。いずれにせよ、お母様や妹の和子さんは何の主張もしないまま、正博さんにお父様の遺産が集中することを許してしまいました。

その結果、お母様は、正博さんの家に居候している状態になりました。預金通帳も預けていたのですから、息子を信頼していたに違いありません。ところが今回の相続では、突然、妻が出現したことで、お母様は住まいの確保を優先するしかありませんでした。正博さんがお母様の年金を使い込んでいたにもかかわらず、預金を取得することは諦めざるを得なかったのです。

◆健やかな生活のためにも

多くの子どもは、両親それぞれの相続、つまり2度の相続を経験します。財産の多い方なら、相続税の納付も2度です。そのため、税負担を軽減する目的で、特に父親の相続が先に発生した場合には、母親より子ども世代に多くの財産を相続させることを提案する専門家も少なくありません。相続税の負担がない場合でも、自宅を父から母、母から子と2段階に相続すると、2度の相続登記が必要になるため、最初の相続で子どもに取得させるという判断もよく見られます。

一方で、父親の相続で母親が大半を相続するというケースもあります。子どもたちは自立しているし、父親と母親が築いた財産は、残された母親が施設に入ったり、病気になったりする可能性も考えて、母親が持っているべき、という判断です。

多くの家庭は、父母を敬愛し、相続においても子どもたちが協力して、残された親が安心して暮らせるように考えていくでしょう。今回紹介したような極端なケースは稀ではありますが、残念ながらゼロではありません。財産をどのように分割するにしても、相手を思いやり、助け合いながら、それぞれに賢く、万一を想定して検討することをお勧めします。

大事なことは、相続で勘案すべきは手続きの手間や相続税だけではないということ。残された人たちの生活が成り立たなければ本末転倒です。生活を第一に考え、その次に手続きや税金を考えるのがあるべき姿でしょう。

column

遺留分とは？

遺言は、法定相続分に関わらず、引き継いでほしい人に財産を残せる手段です。しかし、仮に「A子に全ての財産を遺贈する」という遺言でも、必ずしもそのとおりになるとは限りません。なぜなら法定相続人には、遺言があっても法律上保障されている最低限の遺産取得分「遺留分」があるからです。遺留分が保障されているのは、子、孫（直系卑属）と、親、祖父母（直系尊属）で、兄弟姉妹にはありません。

遺留分は、法定相続分の1／2です。たとえば、法定相続人が配偶者と子ども2人ならば、配偶者の遺留分は1／4（法定相続分1／2の1／2）、それぞれの子どもの遺留分は1／8（法定相続分1／4の1／2）ということになります。もし遺言によって遺留分を侵害された場合には、「遺留分侵害額請求」によって遺留分を取り戻すことができます。

遺産分割でもめないようにと遺言を作成しても、遺留分を無視した内容では、かえってこじれる可能性もあります。遺言は、遺留分を考慮したうえで作成するほうがよいでしょう。

身勝手な主張をする兄と遺産分割調停を行った事例

親の死後にも実家に寄生したい”ひきこもり”の兄と折り合いはつく？

実家暮らしでひきこもり状態だった兄。食費、生活費の面倒も親任せで、それどころか一度も働かずにここまできた。しかし、その生活を許していた父が亡くなる。ひきこもり生活が突然揺らいだことに焦った兄は、遺産分割の場面で強引なまでに権利主張してきた。駄々っ子のような兄の言い分に弟は。

相続関係図

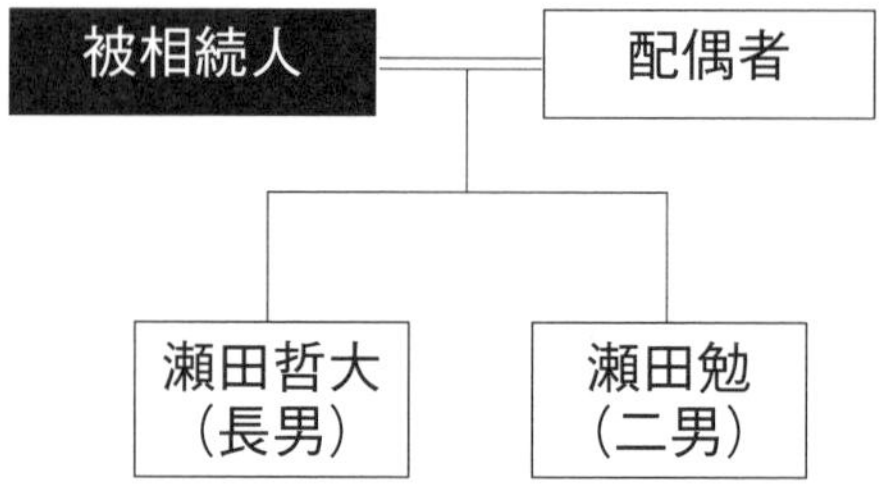

問題編

◆長年親に甘えてきた兄

「もう少し現実を見てよ、兄さん。話がまとまらなきゃ、預金の解約もできないんだからね。じゃ、またかけるからね」

瀬田勉さんは、兄、瀬田哲大さんの電話に伝言を残して切りました。

「困ったわね。少し甘やかし過ぎたのかもしれないね」

お母様の言葉に、勉さんは「少し？　大いに甘やかし過ぎだよ」と思いました。

勉さんたち兄弟のお父様が亡くなってから8カ月が経過しようとしていました。相続税の申告期限が近づいているのに、遺産分割に関して、長男である哲大さんが強引な主張をし続けているために、協議はまったく進んでいないのです。

お父様は弁護士で、隣町に事務所を構えていました。長男の哲大さんは、「お父さんの跡を継いで弁護士になる！」と宣言し、大学は法学部に進みました。長男の決断にお父様は大喜びで、何かと目をかけていました。哲大さんは大学卒業後、「司法試験に向けた勉強に集中したい」と就職しませんでしたが、いつの間にか勉強をしなくなり、かといって就職するでもなく……48歳の現在まで仕事をしたことは一度もありません。

お母様は、働いて自立した生活をするようにたびたび諭してきましたが、哲大さんは聞く耳を持たず。そのうち、逃げるように父の事務所の2階で生活し始め、〝ひきこもり〟の状態になってしまいました。お父様は、自分が廃業してからも事務所に住み続ける哲大さんを擁護し、ずっと養ってきたのです。

二男の勉さんは、哲大さんと1歳違い。大学を卒業後、商社に就職し、現在は責任ある地位についています。未婚で、両親と一緒に暮らしてきましたが、父に頼りきりの兄のことは少なからず苦々しく思っていました。

◆埒が明かない話し合い

お父様の財産の分割や相続申告についても、哲大さんは自ら行動する気はなさそうだったので、勉さんは会計事務所に相談していました。お父様の財産は自宅、事務所を含めておおむね1億円。会計事務所からの提案は、「お母様と勉さんが自宅を取得、哲大さんが現在住居としている事務所を取得し、預貯金でそれぞれの法定相続分に調整する」というものでした。勉さんは妥当な分割だと思い、きっと哲大さんも同意するだろうと考えていました。

ところが、哲大さんの反応はまったく違いました。「不動産はいらない。預金だけで法定相続分を相続したい」と言うのです。でも、今住んでいる事務所から出ていくつもりも、家賃を払うつもりもありません。つまり哲大さんの主張は、現状維持のまま、お金だけが欲しいということなのです。

勉さんも会計事務所も、たびたび哲大さんを説得しましたが、平行線のまま。加えて、哲大さんは法律を勉強していたこともあって、会計事務所の財産評価などに対して、法律用語を並べ立てて細かい指摘をし始めました。

「兄さんは散々したい放題してきたのに、まだ勝手なことばかり言って！　駄々をこねていれば、僕たちが根負けして諦めると思っているんだよ」

お母様は「困った、困った」と繰り返すばかり。もう諦めたような母の様子も、勉さんをイライラさせていました。

でも申告期限はどんどん迫ってきます。勉さんは、会計事務所から未分割のまま一度申告することを勧められました。

相続税の申告は、10カ月以内が期限です。遺産分割協議がこじれてまとまらない、遺産分割協議に参加しない相続人がいるなど、分割の仕方が決まっていないとしても例外ではありません。このようにやむを得ない状況の場合は、いったん法定相続分どおりに分割したものとして申告を行い、遺産分割が確定した時点で、改めて修正申告や更正の請求を行うことになります。

二度手間になりますが、こうなってしまった以上、仕方がありません。さすがに哲大さんも、いったん申告することには同意してくれ、期限内に申告することができました。

しかし、問題は何も解決していません。

哲大さんは「僕の主張を受け入れなければ、協議に応じない」の一点張り。交渉をすればするほどかたくなになり、電話にも出てくれない始末です。一方の勉さんは、兄への不信感が増すばかり。当然、兄の主張を受け入れるつもりはありません。

◆こう着状態からの打開策

そんなある日、勉さんは会計事務所から提案を受けました。

「勉さん、このままでは協議はまとまらないと思います。遺産分割調停の申し立てを行ったほうがよいと思うのですが」

「調停ですか……他に方法はなさそうですね」

勉さんは「まだまだ道のりは長そうだ」と思いました。

こうして、調停に進むことになった遺産分割。こじれた協議はまとまるのでしょうか。

解説編

◆遺産分割調停とは

「遺産分割調停」とは、話し合いで解決を図る手続きです。

まず、解決を望んでいる相続人（申立人）が、他の相続人（相手方）の住所地を管轄する家庭裁判所に調停の申し立てを行います。お父様の遺産の場合は勉さんが申立人ですから、申立先は、相手方である哲大さんの住所地を管轄する家庭裁判所ということになります。必要な書類は、遺産分割調停申立書のほか、亡くなった方の戸籍謄本、相続人全員の戸籍謄本や住民票、また不動産登記事項証明書や預貯金の通帳の写しなど遺産に関する証明書です。

申し立てを行うと、家庭裁判所から調停期日が通知されます。通知まで、1カ月ほどかかります。

調停当日の話し合いは、非公開で行われます。一堂に会してではなく、調停委員会（家庭裁判所の裁判官と、一般市民2名以上）が、相続人それぞれに主張を聞いたり、助言をしたりして進めます。

調停で合意できればよいのですが、できなかった場合は自動的に「遺産分割審判」に移ります。今度は話し合いではなく、家庭裁判所の裁判官が調査を行い、それぞれの相続人の事情も考慮して審判を下します。審判には強制力がありますが、不服の場合は、審判の告知から2週間以内に高等裁判所に即時抗告の申し立てを行うことができます。

◆これで終わりと思いきや…

さて、お父様の遺産はどうなったでしょう。結局調停では合意に至らず、審判となりました。裁判官から下された審判は、当初会計事務所が提案した分割と同じ。つまり、お母様と勉さんが自宅を取得、哲大さんが現在住居としている事務所を取得し、預貯金を調整してそれぞれの法定相続分になるようにするということで決着したのです。

これで遺産の分割が決まり、修正申告や更正の請求ができるようになりました。

「あー終わった！　ようやく先に進める」

ホッとしていた勉さんでしたが、会計事務所からの電話によって、その安堵感は打ち砕かれてしまいました。

新たに持ち上がった問題は、「小規模宅地等の特例」の適用です。

小規模宅地等の特例とは、被相続人や被相続人と生計を共にしていた親族の自宅、事業用の宅地などについて、評価額を下げて、相続税を減額できる制度。分割が確定していれば適用することができます。先に行った申告では遺産が未分割だったため適用できませんでしたが、分割確定後の修正申告では適用できるのです。減額割合も50～80％と大きいのですから、これを利用しない手はありません。

この特例は、被相続人、被相続人と生計を共にしていた親族の居住用宅地が2つ以上あり、かつ各相続人の居住宅地が別々である場合は、それぞれの宅地に適用できます。お父様の遺産には、お母様、勉さんが住んでいる自宅と、哲大さんが住んでいる元事務所という2つの宅地がありますから、両方の宅地に適用できるということです。

◆たびたび難航する協議

問題はここからです。「どこの土地にどれだけの特例を適用するか」を選択できますが、そのためには相続人の間で協議して、合意しなければならないのです。

「審判で分割は決まったのでは……」

「どの財産を誰が取得するかは決まりましたが、裁判官は特例適用の選択までは決めてくれません。また別の話なのです」
「協議って、また兄と話し合うっていうことですか」
「はい。合意しなければなりませんので」

「双方の敷地とも同じ面積を特例適用にするのが妥当ではないか」という会計事務所の提案に、勉さんは賛同。哲大さんは、またしても自身に有利な選択を主張しましたが、あまりの詭弁にまわりは困り果てるばかりでした。

最終的に哲大さんの合意を引き出したのは、今回も期限でした。修正申告、更正の請求の期限は、遺産分割が確定してから4カ月以内。修正申告をしなければ、特例による相続税の減額も受けられません。哲大さんは、特例と駄々をこねるメリットを天秤にかけたのか、結局、会計事務所の提案に合意しました。相続人全員の修正申告、更正の請求を終えたのは、期限の数日前でした。

提案編

◆感情的にならず賢明な判断を

振り返ってみれば、哲大さんの身勝手な主張は一つも通りませんでした。冷静に考えれば、亡くなった父親に頼ってきた哲大さんにとって、自身の生活のために一日も早く遺産分割を決着させるよう協力するほうがよかったはずです。分割未確定では、預金の解約もできないのですから。

敵対的な感情が強かったためか、自分の法律知識を見せつけたかったのか、哲大さんはまったく合理性のない行動をとってしまいました。遺産分割の場面では、関係性のよくない親族が感情にまかせて、合理的な選択をしないケースもあるのです。

家族関係に問題がある場合、相続人によって所得や蓄財、生活力などに著しい差がある場合などは、遺留分を考慮した上で公正証書遺言を作成しておくべきでしょう。

◆遺言書の作成は人間関係も視野に

また小規模宅地等の特例は、紹介したように裁判所の審判では決定せず、遺産を取得する相続人の合意によって決定します。遺言による分割であっても同様です。特例適用の対象となる宅地等が複数あり、複数の相続人がそれぞれ相続する場合は、相続人の選択合意は必須なのです。

勉さんたちのように、そもそも遺産の分割がまとまらないような関係性の場合、特例のためにまた協議を行うのは大きな負担です。遺言書を作成する際には、特例適用の対象となる敷地をすべて1人に相続させるなど、複数の取得者と合意しなければならない状況を避ける工夫も検討するとよいでしょう。

column

申告期限後3年以内の分割見込書

相続税の申告期限は、被相続人の死亡を知った日の翌日から10カ月以内。期限に間に合わない場合は、いったん法定相続分で分割したものとして申告を行います。ただし遺産分割が完了していない申告では、配偶者の相続税軽減、小規模宅地等の特例など、各種特例を受けられません。このような場合でも特例を受けられるのが、「申告期限後3年以内の分割見込書」（以下、分割見込書）です。

特例を受けるには、当初の未分割での申告の際に必ず分割見込書を提出し、3年以内に遺産分割を完了し申告し直します。申告のやり直し期限は、遺産分割完了後、4カ月以内。当初の申告で相続税を納めすぎていた相続人は、更正請求で取り戻せます。

分割見込書を提出したものの、やむを得ない事情で3年以内に遺産分割ができない場合、申告期限後3年経過の翌日から2カ月以内に、所轄税務署に「遺産が未分割であることについてやむを得ない事由がある旨の承認申請書」を提出します。承認されれば事由解消後4カ月以内の遺産分割により特例を受けられます。

均等に共有名義で相続した結果、不都合が生じた事例

平等より不平等のほうが合理的？ 杓子定規の均等分割が招いた不都合

3人兄弟の母親が、遺言を残さずに亡くなった。死後の不安要素は、3人の仲があまりよくないこと。子どもたちの間では、遺産は3等分することが暗黙の了解になっていた。その理由はただ一つ「均等に分ければ平等のはずだから」。ところが肝心の遺産は複数の不動産。まずは均等に分けてみたのだが。

相続関係図

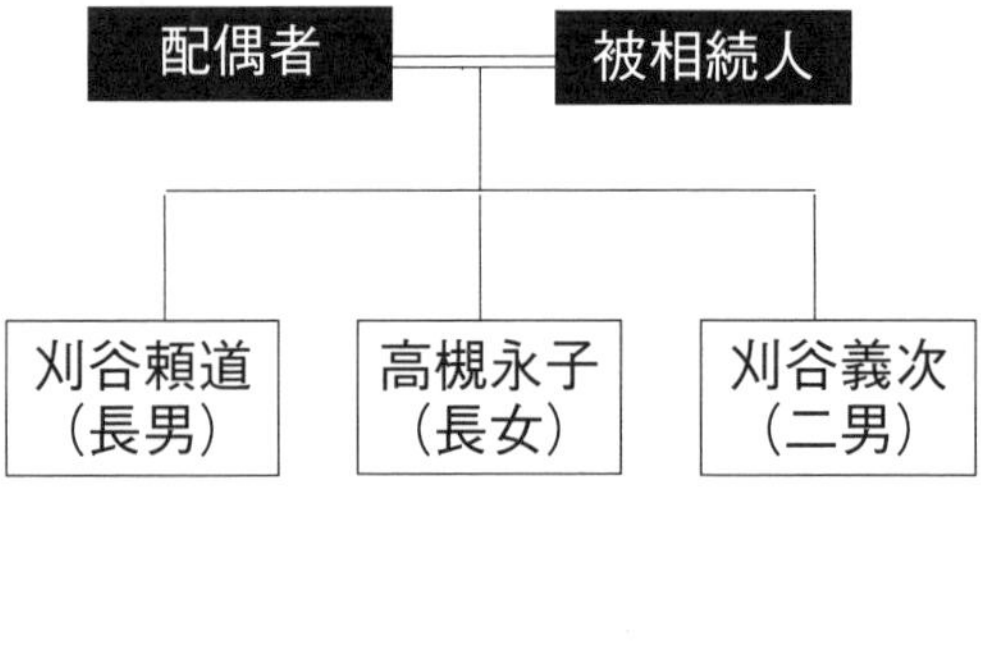

問題編

◆共有名義で平等に？

夏の終わりのある日、刈谷頼道さん、高槻永子さん、刈谷義次さんの兄弟は税理士事務所を訪れていました。お母様の遺産分割協議書の内容を確認し、署名、捺印するためです。

彼らのお父様は、都内の住宅地にいくつもの不動産を所有していました。ご両親が暮らしてきた自宅、長男の頼通さん一家の自宅、二男の義次さん夫婦の自宅、永子さん一家が住んでいる賃貸マンション、義次さん宅の隣にも1つ賃貸物件があります。7年前にお父様が亡くなったとき、すべての不動産はお母様が相続していました。そのお母様が亡くなったので、今度は子どもたちが相続することになったのです。

大ざっぱな頼道さん、しっかり者の永子さん、どちらかというと神経質な義次さんは、あまり仲がよくありません。話をするとどうしても考えが食い違って後味の悪い思いをするので、特に用事がなければ連絡を取ることも、会うこともせず、距離を取ることで平穏を保っていたのです。一人暮らしをしていた母親の世話も、当番制にすることで3人でなんとかやってきたのでした。

母親の遺産分割にあたっては、税理士事務所に依頼しました。3人の希望は、「遺産を3人で均等に分ける」こと。お金に関することですから、等分しておけば問題にならないと思ったからです。ただ、ほとんどの財産が不動産であるために、3等分が難しいことは課題でした。そこで、専門家を頼ったほうがいいと考え、税理士に相談していたのです。

3等分という希望に対し、税理士からはすべての不動産をそれぞれ

3分の1ずつ相続し、3人の共有名義にすることを提案されました。

「そういう方法があるなんて知らなかったわ」

「3等分できるなら僕はいいよ。義次は?」

「共有名義にして、それぞれ今のまま住むっていうことなら賛成」

3人の共通の思いは、とにかく「もめたくない、平等にしたい」ということ。共有名義以外の解決策はなさそうに思えました。


こうして完成した遺産分割協議書に署名、捺印を済ませ、それぞれの相続税申告も、不動産の相続登記も、もめることなく終えることができました。

◆浮き彫りになった問題点

問題の気配が見え始めたのは、翌年の4月のこと。きっかけは、頼道さん、永子さん、義次さんそれぞれに届いた固定資産税の納税通知書です。

共有名義の不動産の場合、固定資産税の納税義務は共有者全員にあります。納税通知書は代表者に送付され、代表者が一括して納税しますが、各共有者の負担割合は当事者間の取り決め次第で、公のルールはありません。頼道さんたちは、それぞれが居住している不動産については、その人を代表者に、両親が住んでいた家は頼道さんを、義次さん宅の隣の賃貸物件は義次さんを代表者にしていました。

自宅の納税通知書を受け取った永子さんは、あることに気が付きました。

「兄さん、固定資産税の通知、来た？」

「来たよ」

「どの不動産も共有名義だから、固定資産税も3人で均等に払うべきなんじゃないかと思って」

「そのほうが平等だからね」

何でも平等にしておけば問題は起こらないと考えていた3人は、すべての不動産について固定資産税も3等分することにしました。納税は年4回。普段あまり会話のない3人が、納税のたびにお金のやり取りをすることになったのです。


さらに半年後、今度は頼通さんから永子さんに連絡がありました。

「うちのキッチンをリフォームするから、永子に同意してもらいたいんだけど」

「どうして私の同意がいるの?」

「だって、共有名義だから」

頼通さんは、弟の義次さんからも同意を得て、リフォームを開始しました。


それから数カ月後のこと、共有名義の違和感について口火を切ったのは永子さんでした。

「固定資産税にしても、リフォームにしても、共有名義って何かと手間がかかって面倒だと思うんだけど」

「僕もそう思う。でもあの税理士はそんなこと言っていなかったよね」

「試しに、他の税理士にもう一度相談してみようか」

3人の意見は一致し、改めて別の税理士に相談することになったのです。

平等にこだわる3人兄弟の3等分、共有名義という選択は、正しかったのでしょうか。

解 説 編

◆平等による不都合の解消に向けて

「不動産を均等に分けるには、共同名義は良い考えだと思っていたのですが」

「そうですか。税理士それぞれの考え方はあると思いますが、私は共有名義はあまりお勧めしていません」

この税理士は、共有名義にするとどのようなことが起こる可能性があるのか説明してくれました。それは、頼通さんたちが感じていた違和感そのものでした。

まず、何をするにも共有者全員の同意が必要であること。たとえば自分が住んでいる自宅を売りたいと思っても、共有の持ち物なので自分の判断だけで売却することはできません。もし現金が必要になって自分の持ち分を他の共有者に買い取ってもらうとなれば、所得税なども発生します。また共有者の誰かが亡くなったら、子への遺産分割は難しくなるうえに、相続した子も他の共有者から都度、同意を得ないと何もできません。

「もちろん、均等に分けられるのは共有名義のメリットです。でも、どうしても均等でなければいけないでしょうか。例えば、自宅はご自身1人の名義にするとか」

「そんなこと、今からできるんですか」

共有名義の不動産を単独名義にするには、単独で取得する人に、他の共有者が持ち分を売却することになります。例えば、頼通さんの自宅を、頼通さん1人の名義にするには、永子さんと義次さんは、3分の1ずつの持ち分を頼通さんに売却し、その結果、所得税が発生します。

ただし、固定資産の「交換の特例」を受けられる可能性があります。交換の特例とは、同じ種類の固定資産（例えば、宅地と宅地、住宅と住宅）で、時価がほぼ等価（高額なほうの固定資産の20％以下の差額）であれば、譲渡はなかったものとされる特例です。この特例の要件を満たしていれば所得税の納税義務にはありません。

頼通さんたちの場合は、不動産が複数あり、名義人も3人ですから手続きはおそらく複雑になるでしょう。特例があると言っても、すべてが特例の要件を満たすわけではないでしょうから、一部の不動産では譲渡になり、所得税も発生するはずです。特例を受けられる不動産でも、登記費用や住民税はかかります。つまり、今からでも単独名義にすることはできますが、さらに費用や納税が必要なのです。

「お三方とも、すでに相続税を納めておられますよね。そのうえ、さらにお金がかかることになりますが、それでもご希望ならば手続きはお手伝いします。ゆっくりお考えになってください」

「ありがとうございました。よく考えてお返事します」

相続完了後、1年以上もたってから知った新たな選択肢の存在に、3人は愕然としていました。もし、相続の時点で3等分以外の考え方を誰かが示してくれていたら……と思わずにはいられませんでした。しかし遺産分割当時、〝セカンドオピニオン〟を提示してくれるような人はおらず、共有名義のデメリットを知らないまま、提案を受け入れてしまいました。もっとも、すべて均等に分けることが一番よいと思っていたのですから、当時の3人に異論はまったくなかったのです。

◆等分でなくとも

「またお金がかかるのは痛いな」

「そうね。でも今のままだと、これからもずっと面倒なことをしなきゃならない」

「子どもたちの世代もね」

「でも均等ではなくなるけどいいの？」

「手間をかかっても均等のほうがいいか……　ってことね」

「3等分でなくても、面倒なことが続くよりいいんじゃないかな」


結局3人は、単独名義への手続きを税理士に依頼することにしました。頼通さんの自宅と両親が住んでいた家は頼通さん名義に、永子さんが住んでいる賃貸マンションは永子さん名義に、義次さんの自宅と隣の賃貸物件は義次さん名義になりました。

結果、それぞれが所有する不動産の価値は不平等になりました。でも不思議なことに、3人が価値の違いでもめることはありませんでした。仲がよくないから3等分、平等にこだわった3人でしたが、不平等こそ、距離を保ったままそれぞれが快適に暮らせる合理的な遺産分割だったのです。

◆不動産分割の3つの方法

「不動産という分けにくい財産をどう分割するか」ということは、相続でしばしば問題になります。先祖代々の土地は一族で守っていきたい、家業を継ぐ者に不動産も引き継がせたいなど、明確な意向がある場合は、生前に遺言を残しておくとよいでしょう。ただし遺留分を考慮することも、トラブルを防ぐために大事なポイントです。

遺言がない場合に不動産を分けるには、いくつかの方法があります。

一つは「代償分割」です。これは、不動産を取得した相続人が、他の相続人の相続分に相当する金銭（代償金）を支払うという方法です。

遺産のほとんどが不動産である、家業を引き継ぐ人が事業で使用する不動産を取得するなどの場合に用いられることが多いようです。この方法なら平等になりますが、不動産を取得した人の金銭的負担は大きくなります。その相続人が、代償金を支払えるだけの金融資産も相続しているか、十分な蓄えを持っていなければ難しいでしょう。

もう一つは「換価分割」です。これは不動産を売却し、金銭に換えて分割する方法で、その不動産を活用するつもりがない場合の選択肢です。金銭になれば分けにくいという問題は解決しますが、物件や立地によっては不動産の売却に時間がかかる可能性があります。また農地は制約があるので売却できないこともあります。

「現物分割」という方法もあります。実家はAさん、預貯金はBさんというように、財産ごとに別の人が相続する方法です。頼通さん、永子さん、義次さんの兄弟は、当初、共有名義で遺産分割しましたが、最終的に現物分割の形に落ち着きました。ただし、この兄弟もそうであったように、各財産の価値が同等ということは考えにくいですから、価値の上での平等にはなりません。

◆ご家族に合った悔いのない選択を

紹介したように、3つの方法はどれも一長一短。共有名義も一つの選択肢ですが、紹介したようなデメリットがあります。いずれにしても、よく話し合って着地点を探るしかありません。

3人の兄弟が、最初に共有名義を選択したのは、均等に分けること、平等であることを最も重視したからです。しかし、金銭的な価値の平等は必ずしも最善策ではありません。相続人たちの関係性、住まいなど各相続人の実生活、次の世代のこと、その不動産に対する思いなど、事情は家族それぞれだからです。この兄弟も、最初からいろいろな情報、知識を得て考えていたら、共有名義は選択しなかったかもしれません。

不動産は、子ども、孫と、引き継がれていく可能性の高い、形ある財産です。「何が大事なのか」を考え、できるだけ多くの観点から検討して、自分たちなりに正しく分割することをお勧めします。

column

土地の評価

相続財産の中でも、その価格が占める割合が非常に高いのが土地です。土地には5つの価格があることをご存じでしょうか。①実勢価格（市場において成立しているマーケットプライス）、②公示価格（土地取引の公的な指標）、③基準地価（公示価格を補足する指標）、④路線価（相続税や贈与税申告時の評価基準）、⑤固定資産税評価額（固定資産税、登録免許税、不動産取得税の算定に用いられる評価額）です。

このうち、相続税申告の際には、原則として路線価によって評価します。路線価は、土地が接する（面する）道路について1㎡当たりの価額（千円単位）が付されており、これに沿って評価します。路線価は、国税庁のホームページで対象地域のものを確認できます。ただし、相続税申告にあたっての実際の評価は、路線価を基準に、評価する土地の形状や道路との関係、種類や用途等を考慮して詳細に評価することになります。なお、路線価のない地域の場合、その評価には固定資産税評価額に一定の倍率を乗じる「倍率方式」を用いて評価します。

祖母から孫への名義預金により税務調査が入った事例

孫への生前贈与のはずが税務調査？ 名義預金の罠

亡くなった母の三回忌。少しずつ気持ちの整理もできてきたそんな頃。税務署から、相続税に関する税務調査の連絡が。もうとっくに申告も終わり、あわただしいなかで対応していたのに、と動揺する娘。追加で税金を納める必要があるのだろうか。そしていよいよ税務調査が始まった。

相続関係図

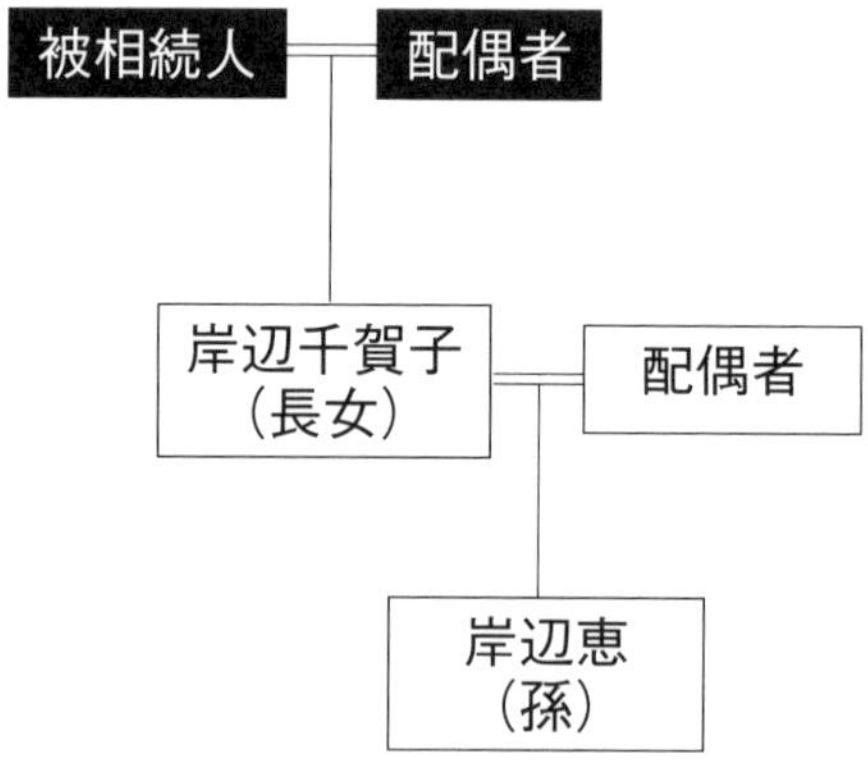

問題編

◆税務調査は突然に

「もう2年たったのね」

岸辺千賀子さんは、数日前に母の三回忌の法要を終え、ホッとしていました。

「次は七回忌ね。お父さんの十三回忌と同じ年になるんだわ」

千賀子さんの父親は母親より6年前に旅立っていたので、4年後には2人の年忌法要が重なるのです。千賀子さんは、両親のことを思うと、自然と娘の恵さんのことを考えました。仲のよかった母は、孫にあたる恵さんのこともとてもかわいがってくれ、恵さんもおばあちゃんを大事に思っていました。

「きっと4年なんてすぐなんだろうなあ。今は22の恵も、とっくに独り立ちしている頃ね」

そんなある日、会計事務所から電話がかかってきました。

「ゼイムチョウサ……ですか？」

馴染みのある担当者の声でしたが、千賀子さんはその内容がよく理解できませんでした。

昨年行った、相続税の申告について、税務署から会計事務所に「税務調査」の連絡があり、その日程を調整したいと言うのです。

ちゃんと申告したのに、調査って？　これって普通のこと？　私、何か悪いことした？　いったい何をどうしたらいいの？

千賀子さんの頭の中にいくつもの疑問が浮かびました。


しかし、申告のときには、たびたび電話でやりとりをした担当者の耳慣れた声と、誠実な対応に、千賀子さんは少し落ち着きを取り戻しました。担当者は、申告書の控えや亡くなった母の通帳など、準備すべきものを教えてくれました。

◆孫名義の預金通帳が問題？

亡くなったお母様の相続人は、娘の岸辺千賀子さん1人。遺言書もなかったため、お母様すべての財産は千賀子さんが相続しました。申告にあたって会計事務所は、お母様の預貯金の入金・出金状況について調べ、千賀子さんは、不明な入金や出金などについていろいろな質問をされました。しかし同居していなかったお母様のお金の使い方について、千賀子さんはほとんど知りませんでした。

そして、よくわからなかったために、特に問題ともせず、会計事務所に伝えていなかったのが、孫の恵さん名義の通帳だったのです。それをなんとなく思い出し会計事務所に伝えたところ、担当者はピンと来た顔つきで千賀子さんに聞きました。

「その通帳は、亡くなったお母様が保管していたのですか」

「はい。母から『恵のために別の口座にお金を入れてある』と聞いていましたが、実際に通帳を見たことはありませんでした」

「名義人である恵さんは、その口座を自分で管理していないのですよね」

「ええ。恵は口座があることも知りません。大学を卒業したら伝えてほしいと……」

「そうですか……。税務調査は、その口座を名義預金ではないかと疑っているのかもしれません」

「メイギヨキン？」

千賀子さんは、ますますわからなくなりました。

さて、税務調査の日がやってきました。孫名義の銀行口座の何が問題なのでしょう。

解説編

◆名義預金は相続税の対象

税務署が千賀子さんの申告について調査を行うのは、孫の恵さん名義の口座が「名義預金」である可能性があると考えたからです。口座にお金を貯めていたのが亡くなった方で、預金等の管理も亡くなった方であるならば、そのお金は亡くなった方の財産。つまり、口座の名義が子や孫、配偶者であっても、亡くなった方の財産として相続税の対象になります。これが名義預金です。

一方で、生前贈与がされ、その預金の管理実態が贈与を受けた者がきちんとしている状況ならば、当該預金は、贈与された資産であり、被相続人の相続財産とはなりません。

贈与は、贈与する人（贈与者）、贈与を受ける人（受贈者）双方が「贈与が行われた」と認識していることが条件です。また、贈与税の基礎控除額（110万円）を超える額の贈与であれば、贈与した年の翌年の3月15日までに申告と納税が必要になります（贈与税の軽減措置もありますが、ここでは割愛します）。

◆名義預金かの3つの判断基準

ここで名義預金について整理しておきましょう。

名義預金かを見極める観点は、大きく3つあると言われています。

①その口座のお金は誰が出したものか

口座の名義人本人が自分で出資していたならば、名義預金の疑いはまったくありません。親、祖父母、配偶者など、名義人以外の人が出資していた場合は、名義預金の可能性を疑われます。

税務署は、当該預金の名義人の収入等蓄財能力も考慮に入れ検討していきます。

②口座の名義人は贈与を受けたと認識しているか

先に紹介したとおり、名義人が出資者でない場合、あげる人ともらう人（未成年の場合は親権者）が贈与と認識していれば、贈与になります。贈与は、「あげます」「もらいます」と口頭でも成立しますが、明確な証拠が残らないため「名義預金ではなく贈与である」と主張するのは難しいでしょう。さらに基礎控除を超える贈与があるにもかかわらず、贈与税申告・納税をしていなければ、ますます贈与であるとは認めてもらえません。

恵さんの場合は、自分名義の口座があることすら知らなかったですし、贈与税も納めていませんから、生前贈与が成立していたという説明は成り立ちません。

③名義人がその口座を自分で管理しているか

管理とは、通帳や印鑑、キャッシュカードを保管し、入出金ができることです。もし名義人が通帳も印鑑も自分では保管しておらず、入出金ができる状態でなかったならば、名義人本人の口座とは言えないというわけです。

恵さんは、自分名義の口座があることを知りませんでした。親権者である千賀子さんは、口座の存在を聞いていたものの、管理はしていませんでした。やはり名義預金と見なされても仕方がないでしょう。

◆ルールを知らなかっただけでも…

さて、税務調査の日に戻りましょう。

千賀子さんと恵さんは、恵さん名義の口座について、税務署の職員からさまざまな質問をされました。この口座のお金は誰が貯めたものか、恵さんは口座があることを知っていたか、恵さんは祖母から贈与すると言われたか、恵さんは通帳や印鑑を管理しているか……。

税務署は事前に、お母様の口座だけでなく、千賀子さん名義、恵さん名義の口座の取引、印影まで詳細に調べていました。問題の恵さん名義の口座は、お母様の口座と同じ銀行にありました。口座から口座へ直接振り替えられてはいませんでしたが、通帳を突き合わせてみると、お母様の口座から現金が引き出された後、一部のお金が恵さん名義の口座に入金されているように見えました。その金額は、未成年の恵さんがお年玉やお小遣いから入金できる額とは思えませんでした。

税務調査の結果、恵さん名義の口座は名義預金と認定されました。つまり預金はお母様の財産となり、千賀子さんが相続することになったのです。千賀子さんは、修正申告（申告の内容が間違っていたときに申告し直すこと）をし、追加の相続税を納めることになったのです。

税務署は、名義預金を注視しています。疑いがあれば、亡くなった方の口座だけでなく、子ども、孫などの口座を事前に調べたうえで、税務調査を実施します。お母様が相続税対策まで考えていたのかはわかりませんが、孫を思って口座を作ったのは間違いないでしょう。悪気はなく、ルールを知らなかっただけでも、逃れる道はないのです。

◆贈与税の基礎控除

お母様は、恵さんが成人したとき、結婚するときなどに、通帳や印鑑を渡して贈与しようと思っていたのかもしれません。あるいは「恵名義の口座にいれておけば大丈夫」と思い込んでいたのかもしれません。いずれにせよ、きちんと制度を知り、生前贈与をしておけばこのようなことにはなりませんでした。

生前贈与は、贈与税の対象になると説明しましたが、贈与税にはいくつか軽減措置があります。その一つが「贈与税の基礎控除」です。

贈与税は、1月から12月までの1年間に贈与を受けた額から110万円の基礎控除を差し引き、その残りに課せられます。1年間の贈与の総額が基礎控除の110万円以内ならば、贈与税がかからないという仕組みを利用することで、贈与税の負担を免れながら財産を承継することができます。

贈与によって多額の財産の承継をしたいと考えている場合は、早くから始める必要があります。たとえば1000万円を贈与税の負担なしで贈与するには、単純に考えても10年以上かかることになります。ただし、毎年同じ日に決まった額を振り込んでいたりすると「多額の贈与を分割しているのではないか」と指摘され、贈与した総額に対して贈与税を課せられる場合があります。

また贈与は贈る側、贈られる側が贈与という認識を持っている必要がありますから、面倒でも都度、贈与であることを双方で確認する必要があります。最も望ましいのは贈与契約書を作成することですが、1回の契約書で済まそうと「1000万円を10年に分けて贈与する」などと書いてしまってはダメ。多額の贈与を分割すると宣言したことになり、総額に対して贈与税がかかることになるでしょう。

◆もしも贈与したいのなら

もしお母様が、贈与のつもりだったならば、次のようにすれば今回のような事態は避けられたでしょう。

⓪当事者間で贈与の意思があったことの証明のために契約書を作成する
①恵さん自身、あるいは親権者である千賀子さんが管理している恵さん名義の口座に
②年間１１０万円を超えない範囲で、不定期、不定額で入金し
③入金のたびに贈与であることを双方で確認する

贈与税の軽減措置として贈与税の基礎控除を紹介しましたが、この他にも、30歳未満の子や孫の教育資金として１５００万円まで非課税となる制度、20歳以上50歳未満の子や孫の結婚資金、子育て資金とし

て1000万円まで非課税になる制度などがあります。制度は適用の要件がさまざまで、何を利用すればよいか判断するのは難しいもの。生前贈与をお考えなら、早めに専門家に相談するとよいでしょう。

column

相続税の２割加算

相続税は、遺産を受け取る人によって、２割加算される場合があります。一言で申し上げると２割加算の対象は「被相続人の配偶者と１親等以外」の人。遺言による遺贈も対象です。

２割加算されないのは、配偶者、子（１親等）、親（１親等）、１親等の血族の代襲相続人（子が死亡している場合の孫、親が死亡している場合の祖父母）です。子には養子も含まれますが、孫を養子にしている場合は例外です。

２割加算されるのは、兄弟姉妹（２親等）、代襲相続人でない孫（２親等）、代襲相続人でない祖父母（２親等）、甥姪（３親等）、養子にした孫、その他血縁関係のない人です。

なぜこのような仕組みになっているのでしょう。養子にした孫は、子から孫への相続時の相続税を１回免れることになるから、また配偶者や１親等以外の人が遺産を受け取ることは偶然性が高いからなどとされています。

相続税額が大きければ２割も大きな金額。生前に対策を考える場合は、２割加算も含めて検討したほうがよさそうです。

養子縁組と遺言のコストを比較した事例

甥であるべきか、養子であるべきか…税負担・手続き、省コストはどっち？

妻が亡くなり、子どももいない、とある経営者。たくさんの親族はいるが、そのうち財産を継がせたいのは、亡き妻の甥っ子1人だけ。ちゃんと継がせたい、けれどなるべく手間も税負担もかけたくない。そこで養子縁組を考えたが、遺言を作ったほうがいいのか。本当に省コストなのは？

相続関係図

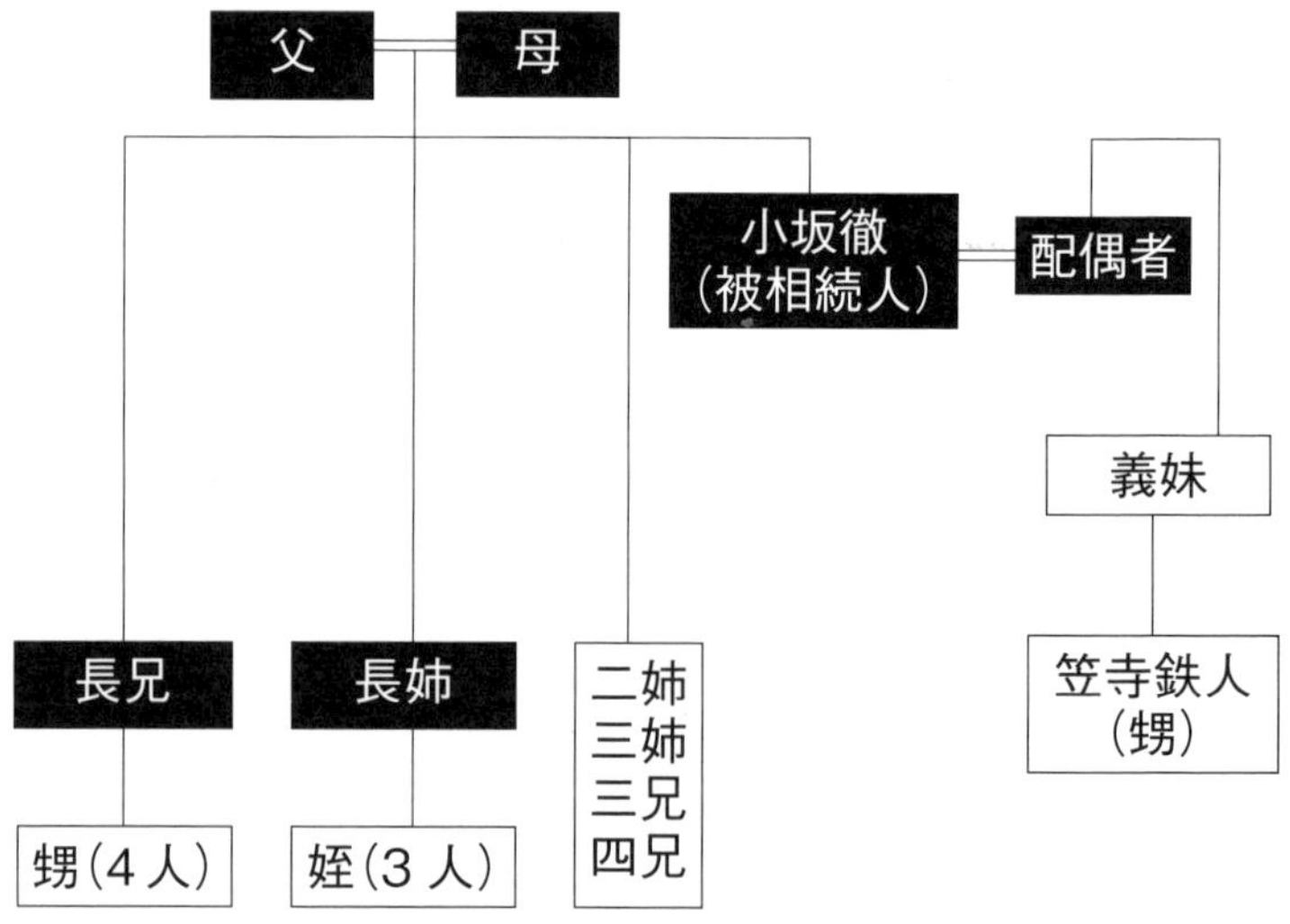

問題編

◆子どものいない場合の相続

「甥にすべての財産を譲りたいと思って」

小坂徹さんは、会計事務所の会議室にいました。自分の財産の相続方法で迷っていることがあり、専門家の意見を聞きたかったからです。

徹さんは、来月の誕生日で88歳。長年社長を務め、今も会長として経営の相談に乗っています。22年前に妻を亡くし、子どももいません。1人暮らしには慣れている徹さんですが、車の運転をやめてからは、甥の笠寺鉄人さんが何かと世話をしてくれていました。

鉄人さんは、徹さんの亡き妻の妹の1人息子。早くに父を亡くした鉄人さんは、徹さんを父親のように慕い、尊敬し、徹さんも鉄人さんを息子のようにかわいがっています。徹さんは、「自分の財産はすべて鉄人に譲りたい」、とひそかに思っていたのです。

◆最適な手段とは？

それを実現するためにまず徹さんが考えたのは、鉄人さんとの「養子縁組」です。

普通養子縁組では、誰かの養子になっても、実親との親子関係は続きます。つまりその子どもは、実親（生みの親）と、養親（養子縁組によって親になった人）の両方の子どもになり、相続においても両方の親の相続人になるのです。

徹さんには子どもがありませんから、鉄人さんが養子になれば、徹さんの財産の唯一の相続人となり、徹さんの希望どおり、すべての財産を鉄人さんに譲ることができます。鉄人さんは、実親との親子関係も続き、これまでと同じように暮らせます。手続きとしては、戸籍謄本などをそろえて縁組届を役所に提出するだけですが、一方で鉄人さんは、縁組により氏（名字）を変更する必要があります。

徹さんは、もう一つ別の方法があることも知っていました。それは遺言です。公証役場でしっかりした遺言を作成すれば、鉄人さんに財産を譲れるはず。こちらもそれほど難しくないでしょう。

どちらもよい方法のように思えましたが、徹さんの気持ちは養子縁組に傾いていました。「鉄人が息子になるのもいいな」と。ただ、間違いがあっては取り返しのつかないことになります。そこで、会計事務所に相談に来ていたのです。

「養子でも遺言でも、鉄人に財産を譲れますよね。それなら、養子にしようかと」

会計事務所の担当者は考える様子を見せて、徹さんに聞きました。

「ご兄弟はいらっしゃいますか？」

「7人兄弟です」

徹さんは、自分たち兄弟姉妹について話しました。徹さんは、7人兄弟の末っ子。子どもの頃は兄や姉が弟や妹の世話をし、おとなになってからも連絡を取り合っています。長兄と長姉はすでに亡くなっており、長兄には4人、長姉には3人の子どもがいます。

子どものいない人の法定相続人は兄弟姉妹。兄弟姉妹が亡くなっていれば、その子どもが代襲相続します。徹さんの場合、兄弟姉妹が4人、代襲相続する甥、姪が7人で、法定相続人は11人ということになります。

「ご自身の財産はどのくらいかわかりますか」

「たぶん……8000万か9000万ぐらいだと」

会計事務所の担当者は、電卓をたたき始めました。

養子縁組か、遺言か。徹さんにとって、また財産を譲り受ける鉄人さんにとって、最善の方法はどちらなのでしょう。

解説編

◆比較検討の決め手となった相続税

会計事務所の担当者が考えていたのは、相続税のことでした。

相続税には「基礎控除」があり、その額は、以下の式で求められます。

3000万円＋600万×法定相続人の数

ポイントは、遺言による遺贈があっても同じ式によって基礎控除額が決まるということです。

では、徹さんの相続について考えてみましょう。まず、鉄人さんと養子縁組をした場合、法定相続人は第1順位の子ども1人ですから、基礎控除額は以下のようになります。

3000万円+600万×1人=3600万円

養子縁組をせず、遺言によって鉄人さんにすべての財産を譲るとどうなるでしょう。子ども（第1順位）がおらず、親（第2順位）が他界している場合は、兄弟姉妹（第3順位）とその代襲相続人が法定相続人です。徹さんの場合、法定相続人は11人ですから、基礎控除額はこうなります。

3000万円+600万×11人=9600万円

「養子か遺言かで、基礎控除額が6000万円も違うのですか？」

「はい。法定相続人が11人ならばこうなりますね」

「いやぁ、そこまで考えていませんでした」

「財産が9000万円だと仮定すると、遺言の場合は基礎控除額を超えませんから、相続税負担もありません」

「そうですか！　相談してよかった」

もし養子縁組を選択するとどうなるでしょう。基礎控除3600万円ですから、課税対象は……

9000万−3600万円＝5400万円

1億円以下の相続税率は30％、控除額は700万円なので、想定される相続税は……

5400万円×0・3−700万円＝920万円

「ということは、養子縁組をすると、鉄人は920万円の相続税を納めることになると」

「そのように考えられます」

「よくわかりました。本当にありがとうございました！」

気持ちは、完全に遺言に決まりました。後日、徹さんは遺言書を作成するために、公証役場に出かけました。

◆遺贈の種類について

遺言によって財産を譲ることを「遺贈」といい、遺贈する人を「遺贈者」、遺贈される人を「受遺者」といいます。徹さんの場合は、徹さんが遺贈者、鉄人さんが受遺者です。

遺贈にはいくつか種類がありますが、代表的なものは「特定遺贈」と「包括遺贈」です。

特定遺贈とは、「○○の土地をAに遺贈する」「□□の預金をBに遺贈する」のように、特定の財産を指定した人に遺贈する方法です。特定遺贈以外の財産は、相続人によって遺産分割されることになります。また受遺者はいつでも特定遺贈を放棄することができ、放棄された財産も、他の相続財産と同様に遺産分割の対象になります。

包括遺贈とは、遺贈する財産を特に指定することなく「すべての財産をAに遺贈する」「財産の1／4をBに遺贈する」のように、財産の割合を指定して遺贈する方法です。

特定遺贈が特定の財産を遺贈するだけなのに対し、包括遺贈の受贈者には相続人と同じ義務が発生します。つまり、相続人と一緒に遺産分割協議で財産の分け方を決めなければなりませんし、借入などのマイナスの財産も指定の割合に応じて引き継ぐことになります。放棄も可能ですが、やはり相続人と同様に、3カ月以内に家庭裁判所に申述書を提出しなければなりません。

徹さんの場合は、すべての財産を鉄人さんに遺贈するので、包括遺贈です。「すべて」なので、財産の分け方を協議する必要はありません。加えて、兄弟姉妹とその代襲相続人に遺留分はありませんから、文字どおり、すべての財産を鉄人さんに譲ることができるのです。

◆無事に届いた思い

徹さんは遺言書を作成し、遺言執行者も鉄人さんと指定しました。専門家のアドバイスに従い、財産目録も作りました。やり残したことは、あと一つ。それは11人の相続人の連絡先をまとめておくことです。遺言執行者でもある鉄人さんには、相続人に遺言の内容を通知し、遺産目録を提示する義務があるからです。

その4年後、徹さんは92歳で亡くなりました。遺言は鉄人さんによって執行され、11人の相続人も遺志を理解し、協力してくれました。徹さんの思いは、鉄人さんにも、兄弟姉妹にも届いたのです。

提案編

◆財産の譲り方比較ポイント

子どものいない人が財産を特定の人に譲るには、必ずしも養子縁組より遺言のほうがよいと限りません。財産や親族の状況によって総合的に考える必要があります。以下に整理してみましょう。

①養子縁組

養子縁組の手続きは、役所に縁組届を提出したり、氏の変更などが必要となります。これにより扶養義務関係が生じます。費用は印紙代等の1000円程度です。相続が発生した場合、相続人の確定作業は必要ですが、養子、つまり子ども1人ならば、被相続人の出生から死亡までの戸籍と、養子の戸籍を取得すれば完了します。

手続きのことだけを考えれば、養子縁組のほうが断然容易。財産の少ない方は、養子縁組のほうが有利と言えるでしょう。

一方、相続税が課税されるだけの財産がある方は事情が違います。実子がなく養子が1人の場合、相続する養子1人で相続税を納めなければなりません。法定相続人も1人ですから、基礎控除額も大きくはなりません。

②遺言
遺言を公証役場で作成してもらう場合（公正証書遺言）は、手数料がかかり、財産の価額等によって異なります。たとえば5000万円を超えて1億円以下の財産を1人に遺贈するのであれば、おおむね5〜6万円程度です。

ただ遺言を執行する際には、相続人への遺言の内容通知、遺産目録の提示が必要で、そのためには相続人を確定しなければなりません。具体的には戸籍を収集することになりますが、被相続人やその兄弟姉妹が高齢の場合は、代襲相続となっているケースが多く、相続人も多数で大仕事です。加えて、財産を取得できず、何のメリットもない相続人たちに、自分が受け取る財産に関する通知を行うのは、心理的な負担も大きいでしょう。

一方で、相続税という観点では、法定相続人が多いことはメリットになります。相続人が多ければ、基礎控除額が大きくなるからです。

遺言によって誰か1人にすべての財産を遺贈した場合、相続税もその1人がすべて納めなければなりません。しかし、相続人が多ければ、基礎控除額が大きくなるメリットを享受することができるのです。

戸籍の収集は委託することもできますし、遺言執行者を専門職や信託銀行に一任すれば、法定相続人への通知なども行ってくれますから心理的な負担も軽減されます。

◆状況に応じて検討を

自分の財産を相続してほしい人に譲るには、養子縁組がよいのか、遺言がよいのか。これには、正解はありません。手続き、財産の価額、法定相続人の数、親族との関係などを考慮する必要があります。

column

普通養子縁組と特別養子縁組の違い

法律的な親子関係を結ぶ「養子縁組」。血縁関係の親を「実親《じつおや》」、子を「実子《じっし》」というのに対し、養子縁組による親は「養親《ようしん》」、子は「養子」といいます。養子縁組には「普通養子縁組」と「特別養子縁組」の2種類があります。

普通養子縁組は、実親との親子関係を維持したまま、養親、養子の親子関係を結ぶこと。戸籍上は「養子」(女性の場合は「養女」)と記されます。養親が成年し、養子が養親より年長でなければ可能で、養親と養子の同意で成立します。その子は、実親と養親の両方の子となり、相続でも両方の親の法定相続人になります。特別養子縁組は、法律上、実親との親子関係を解消して、養親、養子が実の親子と同様の関係を結ぶこと。戸籍上は「長男」など、実子同様に記されます。特別養子縁組は、実親による監護が困難、不適当であるなど特別な事情がある場合に、子の利益のために設けられている制度で、養親となる人が請求し、家庭裁判所の決定により成立します。特別養子縁組が成立すると、実親との親子関係はなくなりますから、実親からの相続はできません。

子育てや情操教育への配慮から親への遺産配分を手厚くさせた事例

高校生に高額遺産が舞い込む?! どうなる、未成年の相続

夫を襲った不慮の交通事故。悲しみに暮れる妻と2人の子どもたち。しかし、学生である子どもたちのためにも、妻は自身を奮い立たせた。幸い、夫が残した財産は小さくはない。「これならば」と周囲も安心していたが、未成年の相続はすんなり進まず、心配のタネも。それは高額遺産がゆえの心配でもあった。

相続関係図

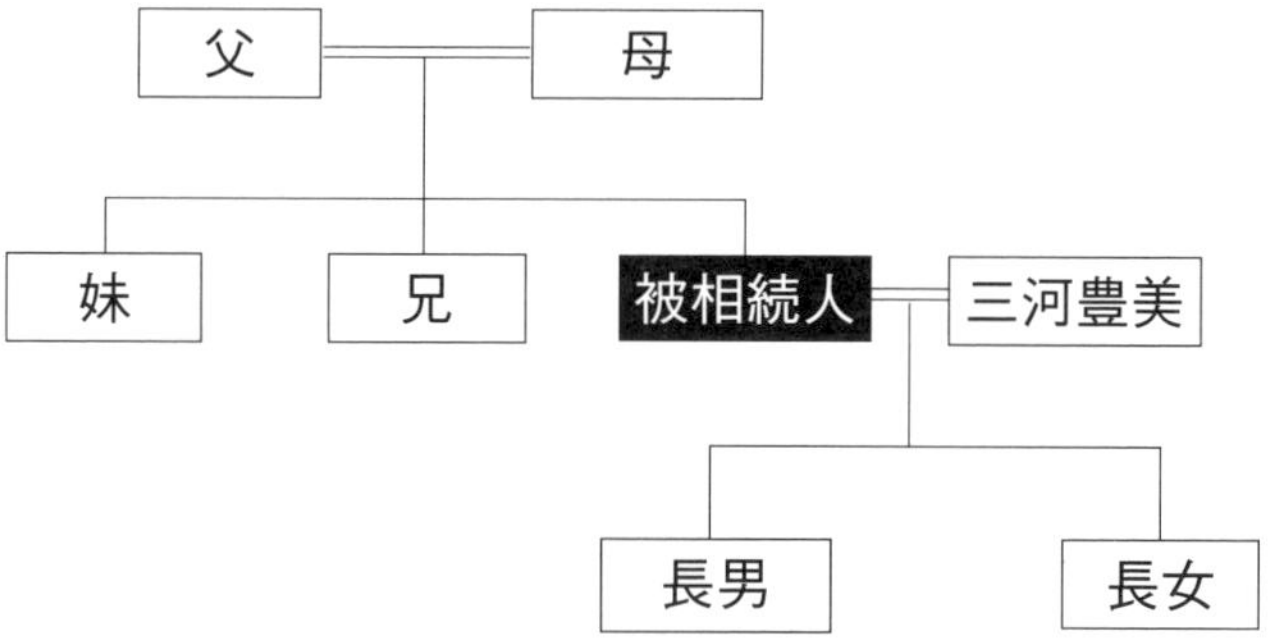

問題編

◆残された多額の遺産

43歳の若さで夫が交通事故に巻き込まれたのは、ほんの1カ月前。妻である豊美さんは、大切な人を失った悲しみと、これからの生活への不安でいっぱいでした。そんな豊美さんの心の支えは、2人の子どもたち。高校生の長男は責任感からか毅然とし、中学生の長女もかいがいしく家事をして、母を助けようとしていました。

「私もしっかりしなきゃね」

不幸中の幸いは、夫が残した財産が決して小さくなかったことです。豊美さんは夫に感謝しつつ、3人での生活を築いていかなければ、と思っていました。

このとき、豊美さんは、多額の遺産で悩むことになろうとは思ってもいませんでした。

◆子どもたちに与えられた権利

豊美さんは、これまで相続について具体的に考えたことはありませんでした。まさか、こんなに早くそのときが来るとは思っていませんでしたから。でも、こうなってしまったからには、相続の手続きをしなければなりません。相続について調べてみると、遺産分割協議や法定相続分という言葉が出てきました。

「これは1人でできることではなさそう」

法律事務所に相談すると、丁寧に説明してくれました。

遺言がない場合、どう分割するのかを決めるためには遺産分割協議を行わなければなりません。ただ、子どもが未成年の場合、遺産分割協議という法律行為を単独ですることはできません。一般に未成年者の法律行為は法定代理人である親権者が代理をしますが、遺産分割協議の場合は、親権者（豊美さん）も当事者です。自分と子どもの利益が相反することになるので、両方の立場で協議を行うことはできないのです。

このような場合には、家庭裁判所に「特別代理人」の選任を申し立て、選任された特別代理人（未成年の子ども1人につき1人ずつ）が子どもの遺産分割を代理で行うことになります。通常は親族に協力をお願いし、申し立ての際に特別代理人の候補者として親族を推挙しますが、専門職（弁護士・司法書士）に依頼することもできます。

特別代理人は、基本的に代理をする未成年者の権利を最大限尊重するという立場で協議に参加します。特に遺言がなければ、最大限の権利は法定相続分です。配偶者と子どもがいる場合、法定相続分では、配偶者が遺産の1／2を相続し、残りは子どもたちで等分します。三河家ならば、子どもたちが1／4ずつ相続する権利があることになりますから、それぞれの特別代理人は、1／4の取得を主張するでしょう。

◆大金の相続は正解なのか…

「夫の財産は、だいたい8000万円ぐらいだと思います。1／4ということは、2000万円ずつ子どもたちが相続することになるのですか」

「法定相続分どおりに分割するならば、そうですね」

「16歳と14歳の子が……ですよね」

「はい」


豊美さんは、家に帰る間ずっと、子どもたちが相続することになりそうな2000万円について考えていました。

三河家では、子どもたちに何不自由なく生活させてきました。でも、むやみにお金を渡したり、買い与えたりすることはしていません。お金は容易に稼げるものではないこと、欲しい物が何でも手に入るわけではないこと、物を大事に使うことを、きちんとわかってほしいと夫婦で話し合っていたからです。亡くなった父親にそんなに財産があることも、子どもたちは知りません。

法定相続分に従い、子どもたちそれぞれが2000万円ずつ相続したとしましょう。子どもたちは突然大金持ちになります。未成年の間は、親権者である豊美さんが資産を管理するとしても、18歳になり成人した後は、子ども自身の2000万円ですから自由に扱うことができます。18歳は成人ではありますが、おそらくまだ学生で、社会経験はゼロ。そんな状態で大金の管理を任せるのは、子どもの教育や精神的な成長によいはずはない、と豊美さんは思っていたのです。

また、豊美さんは子どもが小さいうちは育児に専念したかったので、仕事はしていませんでした。娘が高校生になったら、何か仕事をしようと思っていた矢先のことだったのです。仕事をするといっても、これからは1人で2人の子どもを育て上げ、自分の老後のための蓄えもしなければなりません。子どもが自立した後、自分が生活していくためにも夫の遺産はとても大事です。

豊美さんは、いろいろなことを考えました。もしかしたら自分がケチなだけなのか、むしろ早いうちから大金の管理を経験させたほうがいいのか、権利だから当然なのか……。それでも、今の時点で大金を相続させることがよいこととは思えませんでした。

「あなたはどう思う？　やっぱりよくないわよね」

心の中にいる夫に問いかけた豊美さんは、一般的な考えとしても間違っていないだろうと思いました。それ以上に、夫もそんなことは望んでいないはず、と確信しました。

さて、旦那様の相続はどうなるのでしょうか。そして豊美さんが心配している事態は避けられるのでしょうか。

解説編

◆上申書に願いを込めて

「私なりにいろいろ考えて、今の子どもたちに大金を相続させるのはよくないと思っているんです。きっと夫も同じ考えだろうと……」

後日、法律事務所を訪れた豊美さんは、生前の夫と話し合ってきたことや、豊美さんが考えていることを伝えました。

「何か、方法があるでしょうか」

「家庭裁判所に上申書を提出してみましょう」

未成年者について、特別代理人の選任を家庭裁判所に申し立てる際に、配偶者に財産を集中させる必要性を記載した上申書を合わせて提出する、というのが法律事務所の提案です。

「上申書を提出すれば、大丈夫なのですか」

「最終的には裁判官の審判によりますから、お約束はできません。でも上申書を提出しなければ、法定相続分どおりになるのは、ほぼ間違いないと思います」

豊美さんの心配が消えたわけではありませんが、ほかに手立てはなさそうです。

まず、特別代理人になってくれる親族に協力をお願いしなければなりません。豊美さんの頭に浮かんだのは、夫の兄と妹です。2人は、夫と仲がよく、子どもたちもかわいがってもらっています。

1人では不安だった豊美さんは、法律事務所の担当者に同行してもらい、それぞれの家を訪問しました。特別代理人の話をしたところ、2人とも豊美さんの考えに賛同し、引き受けてくれました。これで、夫の兄を息子の特別代理人、夫の妹を娘の特別代理人の候補者として家庭裁判所に推挙することができます。

家庭裁判所に特別代理人選任の申し立てをするには、戸籍謄本などのほかに、利益相反に関する資料として遺産分割協議書の案も求められます。まず財産の調査を会計事務所に依頼したところ、旦那様の財産は自宅を含めて９０００万円ほどであることがわかりました。相続税の納付が必要なことも考えて、遺産分割協議書案では、２人の子どもたちにはそれぞれ３００万円ずつ、それ以外の財産は母親の豊美さんが相続することとしました。

上申書は法律事務所に作成してもらいました。内容は「配偶者が未成年の子の教育や世話を責任持って行うには、財産を配偶者が管理する必要がある」というものです。

◆伝わる思い

この上申書が認められたとしても、子どもたちは大金を手にします。豊美さんは「今の状況や私の思いを伝えなければ」、と子どもたちに話しました。

お父さんのおかげで、安心して生活できること。お父さんとお母さんは、2人にきちんと考えて判断できるおとなになってほしいと思っていること。お父さんが残してくれた財産は2人にも相続してもらうので、大切にしてほしいこと。これから3人で協力して、暮らしていきたいと思っていること。

子どもたちは、静かにうなずきながら母の言葉を聞いていました。豊美さんの思いは、伝わったようでした。

さて、特別代理人選任の申し立てから2カ月が経過した頃、家庭裁判所から審判結果の通知が届きました。内容は、特別代理人として夫の兄と妹が選任されたというものでした。

「上申書の内容を認めてもらえたのね。よかったわ」

遺産分割協議書は、当初の考えどおりに作成できました。相続税の申告も済ませました。子どもたちに渡った財産は、3人で話し合って「お父さんからの贈り物」として定期預金に入れました。豊美さんは相続に関する心配事から開放され、仕事を始めました。

提案編

◆若いうちの遺言書も大切

子どもが成人する前に、親が事故や病気で亡くなってしまうという残念な事例を紹介しましたが、相続人である子どもが未成年の場合、相続の手続きは複雑になってしまいます。特に、豊美さんのように、未成年の子どもが法定相続分どおりに相続することに異議がある場合は、なおさらです。

解決策となるのは遺言ですが、現実的には難しい面もあります。若いうちから遺言を作成している人はおそらく稀ですし、闘病中の家族に遺言を作るよう勧めるのは、お互いに死を意識してしまいますから、できればしたくないでしょう。さらに、豊美さんの旦那様のように突然の事故ならばどうしようもありません。

もし「いつ、どんな災難が降りかかるかわからない」「残される家族の負担を軽くしたい」と考えているなら、年齢に関係なく、遺言書を作成しておくとよいでしょう。あるいは専門家に相談してみると、おそらく多くの専門家が、遺言書を検討するよう勧めるのではないかと思います。

◆自身の財産相続にも配慮を

豊美さんの旦那様の相続で特別代理人の選任が必要だったのは、未成年の子どもと、その法定代理人である親権者が、両方とも相続人だったため利益が相反するからです。特別代理人の選任は、未成年者に限らず、認知症の方や精神障害の方など、自身での判断や意思表示が難しい方にも必要になることがあります。

認知症の方や精神障害の方などの場合、通常は本人に代わって遺産分割協議や各種の財産管理を行う「成年後見人」を選任します。ただ、相続の発生前にすでに成年後見人が選任されており、その後見人と被後見人（認知症や精神障害の方、本人）がともに相続人となる場合は、利益が相反しますから特別代理人の選任が必要になるのです。成年後見人を選任する際に、裁判所によって成年後見監督人（成年後見人を監督する人、通常は専門職）が選任されている場合は、利益相反となる場合でも特別代理人の選任は必要ありません。

将来発生するであろう自分の財産の相続において、相続人となる人が判断や意思表示が難しいとわかっている場合にも、遺言を作成しておくほうがよいでしょう。

column

将来に備える任意後見制度

「今は自分で判断できるけれど、将来が不安」という場合、判断能力が不十分になったときにサポートしてくれる人を決めておく制度があります。これを「任意後見制度」といい、後見する人を「任意後見人」といいます。

まず本人の判断能力があるうちに、公証役場で、後見人を引き受けてくれる人と任意後見契約を結びます。この時点では後見人を決めるだけです。後見人としての職務は、その方の判断能力が十分でなくなってきたときに、親族などが家庭裁判所に申し立てを行うことで始まり、遺産分割協議や財産管理を本人に代わって行うことになるのです。

この任意後見制度は、「成年後見制度」のうちの一つ。将来に備えてあらかじめ後見人を決めておく任意後見制度に対して、すでに判断能力が不十分な方をサポートする制度として「法定後見制度」があります。

行方知らずの大金のために、家中を捜索した事例

故人の不明出金を調査せよ！消えた5000万円の行方とは

財産調査は相続に不可欠。どの程度の財産があるのかわからなければ、遺産分割もスタートできない。しかし財産は、家族なら全部知っているとは限らないのが難しいところ。亡くなる直前に、銀行口座から大金を引き出していたことがわかったが、何に使ったのかわからない。大金はどこに消えたのか？

相続関係図

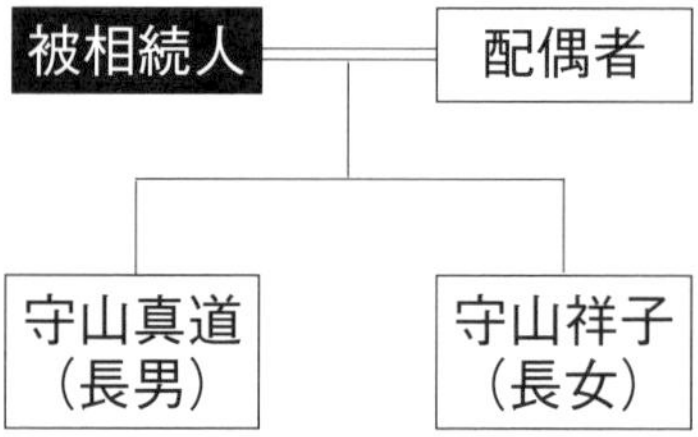

問題編

◆資産家の突然死

ある夏の日、守山真道さんと守山祥子さんは、亡くなったお父様が住んでいた実家で〝あるもの〟を探していました。

兄の真道さんと妹の祥子さんは、大学を卒業後それぞれ独立。２人が探し物をしている実家では、ご両親が暮らしてきました。３年ほど前、お母様は介護度が進行したことから施設に入居したため、お父様は亡くなるまでの約３年間、１人暮らしでした。

比較的近くに住んでいた祥子さんは、父親を気遣って、時間を見つけては実家を訪れ、一緒に施設にいる母に会いに行ったり、日用品の買い物をしたりしていました。お父様は、奥様の介護をしてきたこともあって、自分なりのペースで家事をこなし、暮らしている様子。祥子さんは、父親の生活にあまり口を出しませんでした。

ところが3カ月前、お父様は突然亡くなってしまいました。真道さんと祥子さんは、父が元気だっただけに大きなショックを受けました。何とか葬儀を終え、四十九日の納骨も済ませ、少し落ち着いてきましたが、思い出に浸っている時間はあまりありませんでした。遺産分割をしなければならなかったからです。

お父様は資産家でした。自宅の土地、建物のほかに、複数の銀行にかなりの預金があることは、真道さんもわかっていました。これらを遺産分割するには、実際にお父様がどれだけの財産を持っていたのか知る必要があります。でも、具体的に何をどうしたらよいのかわかりません。真道さんは、父親がお世話になってきた会計事務所に相談しました。

「まず不明な入出金がないかどうか、確認しなければなりません。お父様とお母様の通帳をお借りしたいです。過去5年分の通帳をご用意いただけますか」

「わかりました。過去5年分……あるかな。探してみます」

守山家では、通帳など大事なものは仏壇の下にしまう習慣がありました。真道さんが仏壇の下を開けたところ、父と母の通帳がそれぞれ輪ゴムで束ねられて入っていました。真道さんは「こんなにあっさり見つかっていいのかな」と苦笑しながら、最新の通帳を開いてみました。父親の通帳は、亡くなる直前まで記帳されているようでした。さかのぼっていくと5年前の通帳もありました。「お父さんって、意外と几帳面だったんだな」と真道さんは思いました。

◆入出金を一つずつチェック

通帳を受け取った会計事務所では、入金、出金について一つ一つ確認する作業が始まりました。

直近1〜2年のお金の動きは、税務署が特に注視するところ。多額の入出金は、明確にしておかなければなりません。もし使い道などが不明のまま申告すると、後日税務調査が行われ、延滞税などのペナルティーを課せられる可能性もあります。

「4年前に祥子さんに1000万円振り込まれていますが、これは何だかわかりますか」

「4年前だと……あ、祥子がマンションを買ったので住宅取得資金を贈与していました」

「わかりました。1年半前には真道さんに1000万円振り込まれていますが、これは?」

「僕の息子の教育資金として贈与を受けたものです」

「贈与税の非課税制度を使ったのですね」

入出金の確認は、順調に進んでいるかに見えました。ところが後日、会計事務所から真道さんに、再び電話がかかってきました。

「あのー、お父様は去年から今年にかけて、3回に分けて大金を下ろしていらっしゃるようなのですが、使い道に何か心当たりはありますか」

「大金って、どのくらいですか」

「合計で5000万円です」

「え?! 5000万円?! い、いや……僕は知りません。祥子は知ってるかな。一応聞いてみます」

5000万円の行方がわからないと聞いて、祥子さんもただびっくり。使い道にも心当たりはありませんでした。お母様は、施設に入居した後の出金ですから、何も知らないでしょう。真道さんは、会計事務所の担当者に「わからなかった」と伝えました。

「でも、わからないでは済まない額ですよね」

「そうですね。もしかすると、ご自宅のどこかにあるかもしれません。探していただくことはできますか」

真道さんと祥子さんが探していた〝あるもの〟とは、使い道のわからないこの5000万円だったのです。

会計事務所の担当者によると、多額の現金を自宅で保管しているケースもあるとのこと。でも真道さんの知る限りでは、守山家に金庫のたぐいはありません。探すといっても、どんな場所を探せばいいのか見当もつきません。真道さんは、まったくあてのない探し物をすることに、少々気が重くなりました。それほどの大金が、実家のどこかにあるとも思えませんでした。

5000万円は見つかったのでしょうか。

解説編

◆灯台下暗しの隠し場所

真道さんと祥子さんの5000万円捜索作戦は、もっとも怪しいと思われる仏壇の下から始まりました。「大事なものを隠すとしたら、ここしかない」と思い、念入りに調べましたがありませんでした。次は、父が愛用していた机の周り。引き出しも書棚も額縁の裏も探しましたが、この辺りにもなさそうです。「見つかれば、相続財産になるんだから」と励まし合いながら、捜索は続きました。

「なさそうだね。やっぱり私たちが知らないうちに何かを買ったのかも」

「でも、5000万円も何に使ったのかなあ」

「どこかに土地でも買った？」

「内緒で？　それはないでしょ」

「まさか、タンスには隠さないよね」

とはいえ、アイデアも尽きてきたので、念のため父親のタンスを捜索しました。すると一番下の引き出しの奥に紙袋がありました。開けてみると、中には帯封がついたお札の束が入っていました。

「あった！　会計事務所の人の予想は当たりだったね」

「タンス預金って言うけど、本当にタンスにあったなんて……」

2人は笑いながら、紙袋から札束を取り出しました。こんな大量の現金を目の前で見たのは初めてです。早速、会計事務所に電話をかけました。

「ありました。しかもタンスに」

「よかった！　お手数をおかけしました」

「でも……2000万円だけなんです。大丈夫でしょうか」
「うーん……。ほかに探せるところはありませんか？　2000万円あったなら、あと3000万円もご自宅のどこかにありそうな気がするのですが」

真道さんと祥子さんは翌週も実家を訪れ、捜索を再開しました。会計事務所の担当者が言うとおり、残りもどこかにありそうな気がしてきました。今度はタンスから探し始めたところ、意外と早く見つかりました。やはり紙袋に入った状態で、真道さんが使っていた部屋のタンスにありました。

◆遺産分割はすべての財産を把握してから

こうして行方不明だった5000万円は発見され、不明な入出金はなくなりました。すべての財産を把握したうえで、無事に申告や遺産分割ができたのです。そもそも会計事務所が指摘してくれなかったら、税務調査で説明に困ることになっていたでしょう。

お父様が文字通りのタンス預金をしていたこと、誰にも知られずに大金が眠っていたこと、2人で大捜索をしたことは、今では笑い話になっています。

提案編

◆タンス預金への思い込み

「タンス預金」とは、金融機関に預けず、家で保管している現金を表す俗称です。家に現金を置く理由は、ペイオフ（金融機関が破綻した場合に、１金融機関に付き１０００万円までしか保証されない）対策、ＡＴＭ手数料の節約、超低金利、資産を知られたくないなどさまざま。タンス預金をしている人は意外と多く、バブル崩壊以降に増加したという見方もあるようです。

タンス預金のもう一つの理由として考えられるのは、相続税対策になると〝思い込んでいる〟ことです。銀行から引き出してしまえば、税務署から指摘を受けないと思っている方もおられるかもしれませんが、それは大きな間違いです。

確かに、銀行から下ろした現金を何に使ったのかは、通帳からだけではわかりません。ただ、先にも説明したように、使い道がわからないまま申告すると、高い確率で税務調査を受けることになります。税務署は、特に大きな金額の入出金について、私たちの想像以上に詳細に調べるからです。

お父様の場合は、会計事務所が不明な出金を見つけ、幸いなことに家族が現金を発見できました。5000万円という金額ですから、見つからなければ税金逃れを疑われ、税務調査を受けることになっていたでしょう。

◆エンディングノート活用も一案

では、お父様はどうしておけばよかったのでしょう。もしお父様が子どもたちに「銀行から現金を下ろして、ここに保管している」と話していれば、苦労して捜索する必要はありませんでした。特に1人で暮らしている方は、家族に伝えておいたほうがよいでしょう。大金があるとは知らない家族が、遺品整理業者に依頼してしまうということも十分考えられます。

一方で、たとえ家族であっても「ここに5000万円置いてある」などとは言いにくい、あるいは言いたくないことも想像できます。もしタンス預金をしているなら、亡くなってから見てもらうエンディングノートなどに記載しておくのも一案です。

自分のお金を預金するのも、自宅に置くのも自由。手元に現金があれば、銀行やATMに行く手間もなく使えるので便利という考え方もあるでしょう。ただタンス預金は、盗難や災害にあっても何の保証も受けられません。万が一、自分が保管場所を忘れてしまったら万事休すです。一定の現金を手元に置きたい方は、リスクも理解したうえで、数カ月分の生活費＋αぐらいにしておくのがよいかもしれません。

column

預貯金口座の名義変更

亡くなった方の預貯金口座は、その人の財産を守り、相続トラブルを防ぐためにいったん凍結されます。名義変更や解約ができるのは遺産の分け方の決定後です。手続きは、基本的に、必要な書類をそろえ、金融機関所定の用紙に記入して提出します。必要書類は、状況により異なります。遺産分割協議により分割を確定した場合、相続人全員が署名・捺印した遺産分割協議書、被相続人の戸籍謄本または全部事項証明書（出生から死亡まで）、相続人全員の戸籍謄本または全部事項証明書と印鑑証明書などが必要です。遺言書がある場合は、遺言書と検認証明書等（自筆証書遺言の場合）、その口座を引き継ぐ人の印鑑証明書などが必要です。

ゆうちょ銀行の場合、さらに複雑です。まず「相続確認表」（ゆうちょ銀行のWEBサイトからダウンロード可）を提出。1～2週間後に必要書類の案内が届き、書類をそろえて提出。さらに1～2週間後に、名義が書き換えられた通帳（払い戻しの場合は払戻証書）が届きます。

金融機関の手続きは時間がかかるもの。まずは各金融機関に相談するとよいでしょう。

探しても出てこない土地に、相続人たちが困惑した事例

「見つからない土地」を引き継ぐ？ 親が受けた詐欺被害が相続で発覚

父親から買ったと聞いていた土地が、いざ相続が始まってみると見つからない。焦る子どもたち。考えてみれば、その土地は、どこにあり、どのくらいの広さか、何も聞いていなかった。確かなのは、生前の父親の言葉だけ。その土地は見つかるのか、もし見つからないのなら、どうすればいいのか。

相続関係図

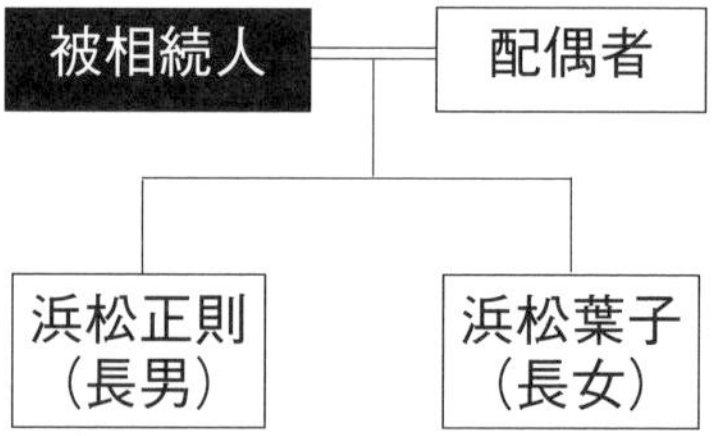

問題編

◆しっかり者の父親が〝残したもの〟

世の中には、土地は土地でも、厄介な土地というものがあります。自宅から遠く離れている土地、形が整っていない土地、山や崖になっている土地……。そして、「見つからない土地」というものがあります。

「母さん、親父は別荘地を買ったと言ってたよね？」

強く問いただしていたのは、長男の浜松正則さんです。

その別荘地の価値によって相続税の申告が必要かどうか決まるというのに、土地が見つかりません。正則さんは、この不可解な状況を何とかしなければ、と焦っていました。

正則さんのお父様は、5カ月前に91歳で亡くなりました。冷静で、論理的に考えるしっかりした人で、母はとても頼りにしていました。

正則さんや妹も、決断に迷うことがあると父親に相談するのが常でした。定年まで一つの企業で勤め上げたお父様は、会社でも慕われていたようで、定年後も時々後輩が訪ねてきていました。

謎の土地の問題が発覚したのは、遺産分割のための不動産調査を税理士に依頼したときのこと。正則さんの母親の一言がきっかけでした。

「そう言えば、お父さん、別荘地を買っていたわね。40歳頃だったか」

母の言葉を聞いて、正則さんも思い出しました。中学生の頃に、父から「別荘地を買った。将来、値が上がる」と聞いた記憶があります。

「お母さん、その別荘地、どこにあるか知ってるの?」

「それが、全然知らないのよ」

「でも、土地が消えてなくなるわけないから、調べればわかるよ。価値が上がっていたら相続税が大変かもね」

そのときは、おのおのに別荘地を思い浮かべて、温かい気持ちになっていました。

◆消えた別荘地

ところが不思議なことに、その土地が見つからないのです。土地を所有していれば、毎年、固定資産税の納税通知書が送付されて、納税していたはずです。でも正則さんの母は、税金関係は夫に任せていたためわかりません。

「少なくとも、今年の納税通知書はどこかにあるに違いない」

そう考えた正則さんは、家のあちこちを探しましたが出てきません。買ったときにはそれなりのお金が動いていたはずですが、40年以上前のことなので銀行の通帳もありません。

念のため妹にも尋ねてみましたが「別荘地の話は、何となく聞いたような気がする」という程度。

「お兄ちゃんがそれだけ探してもわからないなら、買っていなかったんじゃないの？　意外と、お父さんだまされたのかも……でもあのお父さんだから、そんなことないか」

妹の言葉に正則さんは、ハッとしました。

もしかすると、しっかり者の父がうっかりだまされたのかもしれない。お金だけ取られたか、あるいはまったく価値のない土地を買わされたのかもしれない。みんなに慕われていたしっかり者だからこそ、だまされたことを言い出せずに隠していたのかもしれない……。

一方でそれを否定する自分もいました。

あの親父に限ってそんなことはないはず。すでに値が上がって売ってしまったのかもしれない。それなら、お金になっているから問題ない。でもまだ親父の持ち物なら、何とか見つけ出して相続しなきゃ。

でも、何をしたらわかるのか……。


万策尽きた正則さん。

お父様は別荘地を購入していたのでしょうか。あるのか、ないのかわからない土地は、どうすれば確認できるのでしょうか。

解説編

◆探そうとはするものの…

「固定資産税の納税通知書は見つからなかったのですね」

「父が残してくれたものなら何とか探し出したいと思うのですが、どこにあるかわからない不動産を見つける方法ってあるんですか」

「そうですね。不動産を漏れなく把握するには『名寄帳』の写しを取り寄せるのが一般的です」

税理士は、まず名寄帳について説明してくれました。

名寄帳とは、個人が所有している不動産が市区町村ごとに一覧にまとめられているもの。固定資産税課税台帳をもとに作成されています。名寄帳の写しは、各市区町村役場、または市（都）税事務所で取得することが可能です。名寄帳には、課税されていない（納税通知書が送付されない）道路や、共有名義の不動産で他の共有者に納税通知書が送られている場合もすべて記載されているので、見落としがちな不動産の存在も確認できます。

「ただお父様の不動産の場合は、名寄帳の写しを取り寄せるのは現実的ではないと思います」

「え？　どうしてですか？」

名寄帳は市区町村ごとに作成されており、その市区町村に申請するもの。でも、お父様が買ったと言っていた別荘地は、どこにあるのか誰も知りません。それを探すには、日本中の市区町村に一つひとつ申請することになります。これはどう考えても無理でしょう。

別荘地を共有名義で購入していて、他の人が代表者になっているという可能性もないわけではありません。固定資産税の納税通知書は代表者にしか送付されないので、正則さんがいくら探しても見つからないのも納得できます。ただその場合は、持ち分相当の固定資産税を代表者に送金していたと考えられます。

「ですが、近年の銀行口座の取引を見る限り、そのような送金の形跡もありません」

「では、別荘地はないと」

「そうですね」

1960年代から1980年代にかけて、「原野商法」という悪徳商法がはやったのをご存じでしょうか。これは、まったく価値のない、値上がりする見込みもない土地を「これから開発が進んで、価値が高くなる」などとだまして売りつける詐欺です。でも、原野商法で土地を購入してしまったならば、固定資産税の納税通知は届き、毎年納税していたはずです。

◆真相は謎に包まれたまま

「納税らしきお金の動きも、固定資産税の通知も一切見つからないとなると……」

「別荘地への投資と言われて、実はお金だけだまし取られた」

「はい。残念ですが、その可能性はあると思います。一度購入して、売却されたのかもしれませんが」

「そもそも、購入したのかどうかもわからないということですね」

「そうですね。あまりに昔のことで銀行口座の取引も追えませんし。可能性はいろいろ考えられますが、どれも確かめようがありません」

結局、その土地の存在を示す根拠は、40年以上前のお父様の発言以外、何も見つけられませんでした。共有名義で購入したのか、購入して売却したのか、だまされたのか、真相は一切わからないままですが、「お父様の財産にその別荘地はない」と考えるしかありません。遺産分割はわかっている財産について行うことになり、別荘地は、幻となってしまったのです。

提案編

◆増え続ける所有者不明土地

正則さんたち家族は、亡くなったお父様しか知らない幻の別荘地に振り回されてしまいました。このケースでは、状況から考えて「所有していない。おそらくだまされた」と判断するしかなかったでしょう。

亡くなった方が不動産を所有していたならば、誰かが相続しなければなりません。それが、原野商法でだまされて購入した価値の低い土地だとしても、です。投資目的で購入した不動産などは、日々の生活とは直接関係ないかもしれませんが、何らかの形で正確な情報を伝えておかないと、残された家族は大変な苦労を強いられることになります。場合によっては、正則さんのようにすっきりしない結果になってしまうのです。

ここであえて、「お父様は別荘地を購入したが、家族は見つけられなかった」と仮定してみましょう。その土地は今、どこかでひっそりと放置されていることになります。このように所有者が亡くなった後、次の所有者がわからない「所有者不明土地」は、全国の土地の約22%にも上ります(2017年国土交通省調査による)。

所有者不明土地のうち7割近くは、相続登記が行われていないことが原因と言われています(同右)。背景にあるのは、相続登記が任意であるということです。相続登記をしなくても罰則等はありませんし、実生活に不都合もありません。特に生活圏から離れている土地、価値に乏しく活用できない土地などは、費用と手間をかけて相続登記をする理由もないと考え、省いてしまうのでしょう。

しかし相続の場面では、問題の原因となってしまいます。たとえば父親の相続で「自宅の土地が祖父名義のままだった」ことが発覚すると、亡くなった父親のすべての兄弟姉妹（亡くなっていればその子）の署名、捺印が必要だからです。自分の叔父や叔母、従兄弟の中には疎遠になっていること人もいるでしょうから、相当な手間と時間がかかってしまうのです。

◆所有者不明土地の解消に向けた不動産ルールの改正

近年、所有者不明土地の発生を防ぎ、土地の利用を円滑にするため、制度が変更、創設されています。

①不動産登記制度の見直し（登記されるようにする）

これまで相続登記、住所等の変更登記の申請は任意でしたが、2024年4月からは義務化されます。同時に相続登記などの手続きは簡素化、合理化され、負担を軽減する措置も取られることになっています。

②相続土地国庫帰属制度の創設（不要な土地を手放せるようにする）

２０２３年４月には、相続した土地を手放したい場合、法務大臣の承認を受け、所有権を国庫に帰属させることができる「相続土地国庫帰属制度」が施行されます。ただし、建物や工作物などがある、危険な崖がある、境界が明らかでないなど、管理や処分に多くの費用や労力がかかる土地は認められません。

③土地利用に関する民法の見直し（管理、利用をしやすくする）

ⓐ土地・建物に特化した財産管理制度が創設されます。これは、所有者が不明、管理が不適切な不動産について、地方裁判所に管理人を選任してもらう制度です。

ⓑ共有の不動産は、これまで売却や変更などに共有者全員の合意が必要でしたが、持分の過半数で決定できる、所在が不明な共有者の持ち分を取得できるなど、制度が緩和されます。

ⓒ協議がまとまらず、長期間遺産分割されないままの不動産は、

相続人の共有であるため時間がたつほど管理や処分が難しくなります。こうした状態を避けるため、被相続人の死亡から10年経過後の遺産分割では、法定相続分（または指定相続分）での分割が原則となります。

ⓓまた所有者不明の隣地から伸びた枝を切り取れる、ライフラインを引き込むために他人の土地に設備を設置できるなど、隣地の適正利用に関するルールも見直しが行われます。

これらⓐ〜ⓓはいずれも、2023年4月から施行されます。

今後数年の間に順次施行されることで、このストーリーのようなケースは徐々に解消に向かうと考えられます。しかし、普段は気にしていない土地でも財産は財産です。将来引き継ぐ家族のためにも、家族内での情報共有や書類の保管場所の統一など、元気なうちに始めてみてはいかがでしょう。

column

限定承認とは？

相続財産に借入などマイナスの財産が含まれる場合、「限定承認」という選択肢があります。これは、遺産の範囲内で債務を弁済するという方法です。

限定承認は「マイナスの財産があることはわかっているが、債務超過の状態なのかどうかわからない」という場合には有効な方法でしょう。亡くなった方が残した借入返済のために自分の資産を切り崩すという事態を避けられますし、債務等を精算した後、不動産や預貯金などが余っていれば相続人間で分配することができます。

もし限定承認を選択する場合は、被相続人の死亡を知った日から3カ月以内に家庭裁判所に申し立てます。ただし、その申し立ては相続人全員で行わなければなりません。

つまり、相続人の中に1人でも限定承認に反対の人がいれば、限定承認の申し立てはできないのです。

病床で危急時遺言を残した事例

昏睡状態の隙間に意識回復！限られた時間に遺言は残せるか？

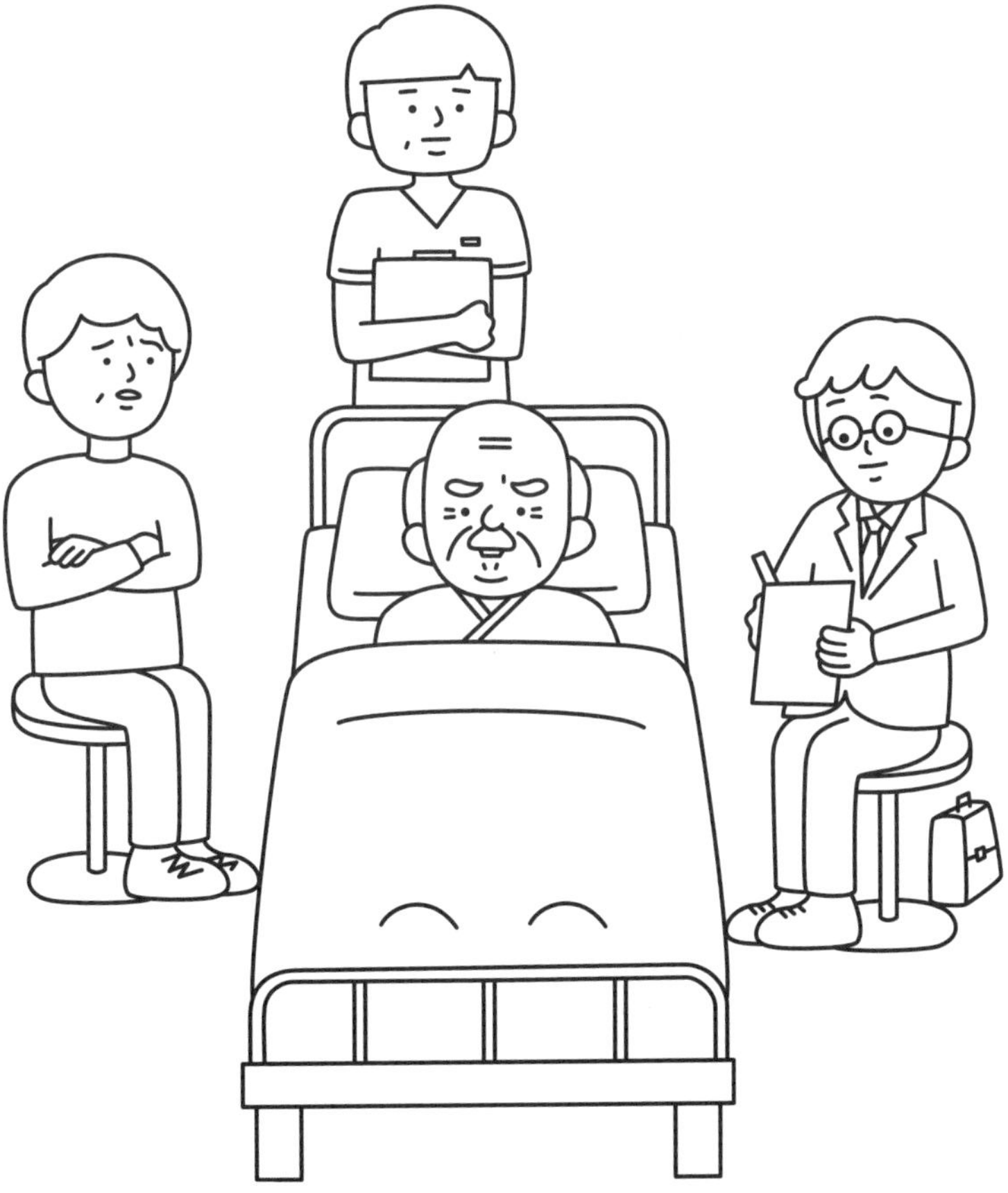

体も弱り、意識ももうろうとしている某中小企業の社長。彼は子ども2人の相続や、会社の行方について、遺言を残したかった。しかし相談を始めて間もなく入院。昏睡状態に陥ってしまった……。誰もがこの先のことを不安に思っていた矢先、なんと社長の意識が戻ったという知らせが！

相続関係図

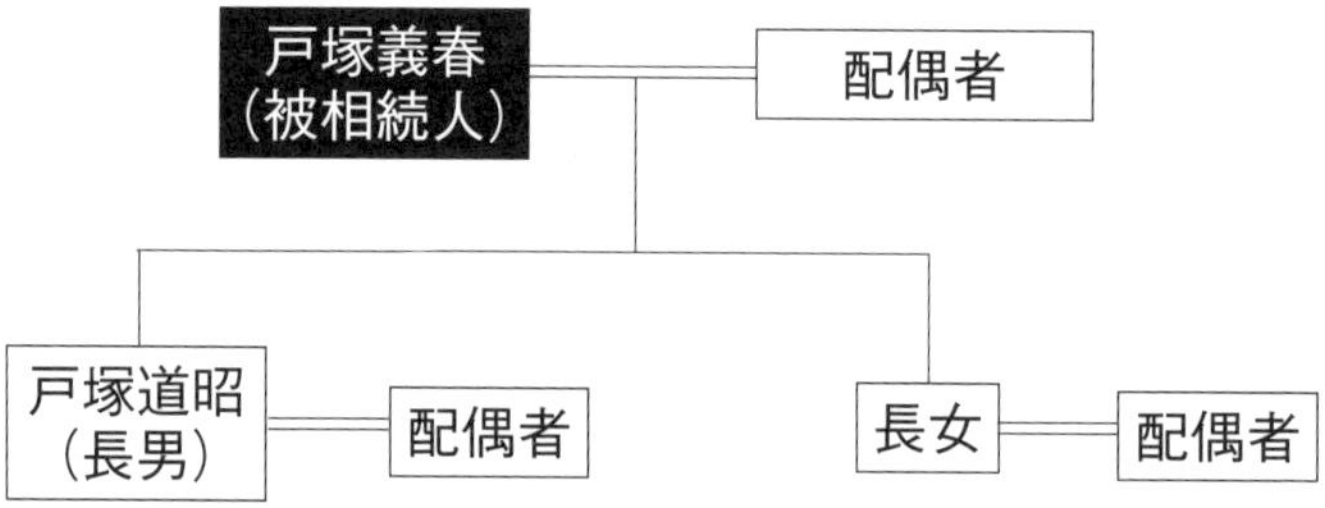

問題編

◆病院からの突然の電話

戸塚道昭さんは、書類を眺めながら深いため息をつきました。仕事はおおむね順調でしたが、ここ数日あまり眠れず、気分も晴れません。道昭さんは壁の時計を見上げながら「今日一日、平穏に過ぎてくれるといいな」と思いました。時刻は午後2時半を少し過ぎたところでした。

そのとき、デスクに置いてあった携帯電話が鳴り、道昭さんはドキッとしました。画面を見ると、父親の戸塚義春さんが入院している病院からです。道昭さんは、不安を感じながら携帯電話を手に取りました。

電話の向こうから聞こえてきたのは、父を担当している看護師の声。少し興奮しているようでした。

「お父様の意識が戻りました！」

「え？」

「道昭さん、すぐに来られますか？」

「あ……はい、すぐに行きます」

電話を切った道昭さんは、自分の鼓動が高鳴っているのを感じました。落ち着かせるように一つ大きく息をし、車に飛び乗って病院に向かいました。


父である義春さんは、耕運機、田植機などの電動農機具の販売やメンテナンスを行う会社の社長。戸塚家はもともと、クワやカマなどの農耕具の製造・販売や修理の仕事をしていましたが、義春さんは会社を立ち上げ、時代が求める電動農耕具に事業を広げました。一代で会社を成長させた義春さんは、地元では一目置かれる存在。取引先に関わらず、多くの人がさまざまな相談に訪れていました。

しかし60代半ばに差し掛かった2年前、病に倒れ、その後は入退院を繰り返していました。それでも仕事に対する熱意は変わらず、40歳を過ぎ副社長に就任した道昭さんのサポートを受けながら社長業を続けていました。

ところが数日前、義春さんの体調は急変し、昏睡状態になってしまいました。医師から「回復は難しいかもしれない」と聞かされ、覚悟をしていた道昭さんにとって、病院からの電話は予想外のうれしい知らせだったのです。

◆目覚めた父が望んだこと

病室に入ると、義春さんはぼんやり目を開けていました。道昭さんはベッドに近寄り、声をかけました。すると父からは、意外な言葉が返ってきました。

「遺言を作りたい」

「え？　今から？」

義春さんが遺言にこだわるのには、理由がありました。道昭さんの妹は、道昭さんと折り合いが悪く、ほとんど音信不通の状態。義春さんは、預貯金、自宅の土地と建物以外に、会社の事業で使用している不動産もいくつか所有していますし、機材などもあります。「事業は道昭に継いでもらい、これからも続けてほしい。事業で使用する不動産なども、すべて道昭にゆずりたい」と考えていた義春さんは、兄と妹の不仲を心配し「相続でもめないように」と遺言を作りたかったのです。

道昭さんも、父の考えを知っていました。実は数週間前、道昭さんは、義春さんから遺言を作りたいと言われ、仕事で付き合いのある税理士に相談していたのです。実際に遺言を作るときには、税理士から弁護士を紹介してもらえることになっていましたが、具体的に話を進める前に義春さんが昏睡状態になってしまったのでした。

道昭さんは「残念だけど、今すぐに遺言は作れないよ」と思いました。でもこれは、おそらく父の最後の望み。「無理だろうな」と思いながらも、税理士に電話をかけ、状況と父の意向を説明しました。

「お父様はお話ができるのですよね。それなら作れるかもしれません」

「そうなんですか？　あまり時間の猶予はないと医師にも言われたのですが」

「わかりました。すぐに弁護士に確認して、折り返しご連絡します」

20分ほどたった頃、道昭さんに税理士から電話が入りました。

「『危急時遺言』という方法があります。お父様の状態がよくて、ご自分の意思を話していただける状態でしたら、内容を聞いてその場で遺言書を作ります。いかがでしょう」

「はい、ぜひお願いします！」

「では、18時にうかがいます」
「ありがとうございます！」

道昭さんは、危急時遺言という言葉をこのとき初めて聞きました。これはどのような遺言なのでしょう。

◆最後の頼みの綱

遺言書にはいくつかの種類があり、自筆で作成する「自筆証書遺言」と、公証人という法律のプロに作成してもらう「公正証書遺言」が一般的です。

しかし義春さんの状態では、自筆証書遺言も、公正証書遺言も作れません。残された時間がわずかで、本人の署名、捺印が不可能な義春さんのような場合に認められているのが危急時遺言なのです。危急時遺言は、証人3人のもとで本人が遺言の内容を話し、本人に代わって証人が筆記することで作成します。

義春さんは、道昭さんから遺言を作ることができると聞き、安心したようでした。父の願いをかなえられそうで、道昭さんもホッとしていました。道昭さんは、社長室で仕事をしている父の様子を思い出しながら、同時に「もう少しがんばってくれ」と願いながら、ベッドのかたわらで税理士たちの到着を待ちました。

義春さんは、遺言を作ることができたのでしょうか。

解説編

◆危急時遺言の要件とは

危急時遺言は、民法で定められた遺言の方式の一つ。病気などによる危急の場合（一般臨終遺言）と、船舶や飛行機の遭難による危急の場合（難船臨終遺言）に認められています。しかし、遺言を残したい本人（遺言者）の直筆ではなく、署名や捺印もないのですから、本当に遺言者の意思であることを証明しなければなりません。そのため、作成に必要な要件が細かく決められています。

①3人の証人が立ち会う（未成年者、相続人となり得る人、遺言書によって財産を受け取る人などは証人になれない）
②遺言者は遺言の内容を証人に口頭で伝え、証人はそれを筆記する
③証人は筆記したものを読み上げ（または見せ）、遺言者と他の証

人は内容が間違いないことを確認する

④証人3人が署名、捺印する

これで終わりではありません。遺言を作成した日から20日以内に、証人（または利害関係者）が家庭裁判所に請求し、遺言の審判を受ける必要があります。遺言の内容が、本当に本人の意思のとおりであることを確認する手続きです。

さらに付け加えておくと、危急時遺言は自筆証書遺言と同様に、遺言者の死亡後、家族であっても勝手に開封することはできません。家庭裁判所で開封し、改ざん等がないことを確認する「検認」を受ける必要があります。

◆病院内で言葉を残す

さて、義春さんの遺言の作成はどのように行われたのでしょう。証人は、税理士、弁護士、弁護士のアシスタントの3人。道昭さんたち家族は、病室を出て待合室で待ちました。また、家庭裁判所での審判に備えて、口述筆記のほか、録画、録音も行いました。遺言書が義春さんの意思のとおりであることを示す証拠を、できるだけ多く残すためです。

資産の多い義春さんですから、漏れや抜けがないよう、弁護士が質問する形で進められました。しかし「社屋は道昭さんが引き継ぐのですよね」のように「はい」か「いいえ」で答えられる質問、答えを誘導するような聞き方はアウト。本人の言葉で意思を伝えてもらえるよう、細心の注意を払って行われたそうです。このような対応は、専門家でなければできなかったでしょう。

まず、本人確認のため、氏名と生年月日から始まりました。最初は静かにゆっくりと話していた義春さんですが、徐々に口調がはっきりし、表情も生き生きとしてきました。仕事と会社をとても愛していたのでしょう。事業資産の話になると「社屋を建てたときは……この機械を購入したときは……」と、話が横道にそれることもしばしば。時間が長すぎると医師が心配するほどでした。

危急時遺言は完成しました。義春さんは、晴れ晴れとした表情をしていました。病室に戻った道昭さんは、1時間前とは比べ物にならないほどはっきりした口調で話す父を見て「このまま元気になってくれるのでは」と思ったと言います。しかしその2日後、義春さんは息を引き取りました。

◆父の思いを引き継ぐ

後日行われた家庭裁判所の審判では、３人の証人それぞれが尋問を受けました。遺言の様子を録画しておいたことも、証拠としてとても役立ち、無事に義春さんの遺言として認められました。

遺言は、道昭さんへの事業継承や、不動産の名義変更に使用することができました。道昭さんは社長に就任し、父が立ち上げ、愛し、育ててきた事業を引き継ぎました。道昭さんは会社を維持するだけでなく、もっと成長させたいと、父と相談していた新たなチャレンジにも着手しようと考えているそうです。

提案編

◆危急時遺言の難しさ

義春さんが、わずかな時間で遺言を残せたのは、さまざまな歯車がこれ以上ないほど噛み合ったからです。やはり一番のおすすめは、元気なうちに自筆証書遺言か公正証書遺言を作成しておくことです。

しかし、義春さんのような急変や事故など、時間がないというケースもあり得ます。そのようなときに有効な危急時遺言ですが、実際に行われることは非常に少ないのが実状です。法律の専門家、また家庭裁判所でも扱うのは稀というほどです。危急時に遺言を作成できることと自体、あまり知られていないのかもしれませんが、遺言が成立する条件をすべてそろえることが難しいのも理由の一つでしょう。

◆奇跡的なレアケース

義春さんのケースを振り返ってみましょう。昏睡状態だった義春さんが目覚めたこと、意思を伝えられる状態だったこと、しかも最後まで意識がはっきりしていて、内容の確認もできたこと。もし途中で容体が変われば、最後まで伝えられなかった可能性もあります。

そもそも義春さんが以前から遺言を作りたいと考え、何を誰に引き継ぐか決めていたことも大きなポイントです。話ができる状態でも、遺言の内容を具体的に考えていなかったら実現しなかったでしょう。

また道昭さんが父の遺言への思いを知っていて、事前に税理士に相談していたこと、「無理だ」と諦めずに税理士に連絡したこと。昏睡状態から目覚めたばかりの父を見たら、諦めてしまっても不思議はありません。この日まで危急時遺言の存在を知らなかった道昭さんですが、道昭さんの行動が父の思いをつなげたと言えるかもしれません。

そして税理士、弁護士にすぐに連絡がとれたこと、数時間のうちに対応してくれたこと。いつ急変するかわからない状態ですから、「すぐ」に対応してもらわなければなりません。たくさんの資産について漏れなく聞き、書き取ることも、専門家だからこそできたことでしょう。

◆遺言書は元気なうちに

繰り返しになりますが、遺言は、元気なうちに作るのがベストです。危急な事態は起こってほしくありませんが、万が一のときに危急時遺言を選択できるよう何をしておくべきか、義春さんの事例が教えてくれています。まず遺言を作りたいという意向を家族の誰かに伝えておくこと、できれば専門家にも相談しておくこと、そして何よりも自分自身が遺言の内容を具体的に考えておくことです。

column

コロナ禍の自筆証書遺言

未婚で子どものいない、ある男性は、一時心肺停止になるような病状。残された時間はわずかでした。男性には、3人の兄弟姉妹がいましたが全員他界。法定相続人は代襲相続により甥姪10名でしたが、男性の世話や看病をしていたのは、1人の姪だけでした。

その姪から緊急の相談を受けた司法書士は、遺言がなければ疎遠な甥姪全員で遺産分割協議を行う必要があり、身辺整理、葬儀費用の拠出、預金解約、分配手続きは難航すると考えました。そこでご本人にその気持ちがあるならば、意識が回復しているときに遺言を書いてもらうことを提案したのです。病院は、コロナ禍の制約で面会は1人のみ10分以内。これでは自筆証書遺言しかありません。税理士は姪に、遺言が成立するための要件と、「本人自筆」を明確に示せるよう、本人が書いている様子を写真に撮るようアドバイスしました。

こうして、寝ながら書いた自筆証書遺言は完成しました。それから1週間後、その男性は亡くなりました。遺言は認められ、世話をしてきた姪が相続できました。相談から亡くなるまで3週間。司法書士の素早く的確な対応が、遺志をつないだのでした。

緑が薄い親族との連絡に手間取った事例

世界に広がる一族へ、思いよ届け！ 疎遠な家族の相続はまとまるか？

近くの隣町から遠くの外国まで。さまざまなターニングポイントを経て、遠方に住むことになった親族たち。しかし相続の発生で、疎遠だった親族に連絡をとる必要が出てきた。連絡手段は限られている。顔どころか名前もうろ覚えの親族たち。果たして連絡はつくのか、遺産分割協議はまとまるのか。

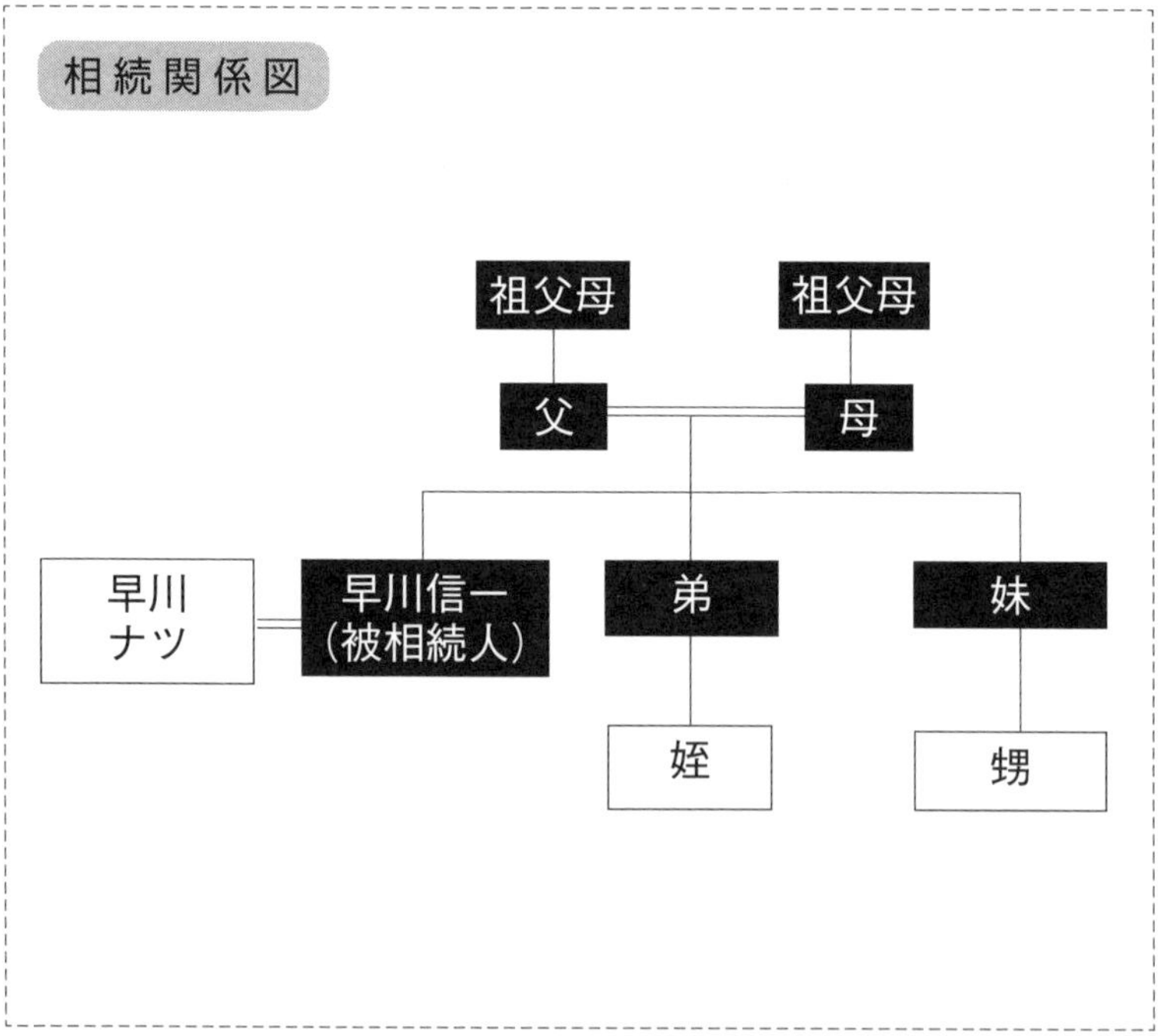

問題編

◆つながりの薄い相続人たち

「私にはどうしようもなくて、困ってしまって……」

早川ナツさんは、会計事務所に相談に訪れていました。

夫、早川信一さんは2カ月ほど前に亡くなりました。2人の間には子どもがいません。信一さんの両親、祖父母も亡くなっています。ナツさんは、信一さんの財産について、自分のほか、信一さんの兄弟姉妹が相続することは、何となく知っていました。もし兄弟姉妹が亡くなっていれば、その子どもが代わって相続することも。

ところがいざそのときになって、甥や姪と連絡が取れないことに気が付きました。信一さんの財産はあまり多くありませんが、分割はしなければなりません。加えて、銀行口座を解約しようと銀行の窓口に行くと「法定相続人全員の合意がなければできない」と言われたのです。

困ったナツさんは、会計事務所に相談することにしました。

ナツさんは、親族の状況について、会計事務所の担当者に説明しました。話はこうです。

信一さんは3人兄弟の長男で、弟と妹が1人ずついました。

弟妹はすでに亡くなっているため、それぞれの子どもたちが相続の権利を引き継ぐことになります（代襲相続人）。

夫の弟のところは、弟の奥様（義妹）も亡くなっています。妹のところは妹の旦那様（義弟）は健在なので、信一さんの葬儀にも来てもらっています。ただ、姪、甥たちとは、彼らが子どものとき以来、会っていませんでした。

「外国に住んでいる子もいると思うのですが、何とかなりますか」

「まず相続人を確定することからですね。皆さんの戸籍を取り寄せますから、届け出されている住所はわかりますよ」

◆国ごとに異なる必要書類

数カ月後、ナツさんは、会計事務所が集めてくれた戸籍を前にしていました。信一さんの財産の相続人は、妻であるナツさん、2人の甥と姪であることが確定しました。戸籍によると、姪はアメリカに、甥は隣町にいるようです。

「まず甥御さん、姪御さんにお手紙で連絡してみましょう。遺産分割協議書には全員の署名、捺印が必要になりますし、印鑑証明や住民票も取っていただかなければなりませんから」

「アメリカにもですか？　私、外国に手紙を出したこともないわ」

日本でのいろいろな手続きでは、印鑑証明や住民票を求められることが多々あります。海外にも同じものがあるのでしょうか。

印鑑を使用しない海外の国ではサインをするので、印鑑証明に代わるものとして「サイン証明」があります。本人が現地の在外公館に出向き、領事の目の前で捺印の代わりに書類にサインをし、サイン証明書を一緒に綴じ合わせることで、サインが本人のものであることを証明します。ただし、サインが欲しい書類は日本から現地に送らなければなりませんから、時間が必要です。

住民票に代わるものは、現地に住んでいることを証明する「在留証明」です。こちらも本人が在外公館に出向き手続きをします。在留証明の申請には、現住所を確認できるもの（滞在許可証、運転免許証、納税証明書など）、滞在開始時期を確認できるもの（賃貸契約書、公共料金の請求書など）が必要で、発給までに日数がかかります。

「ほとんど付き合いもないのに、そんな手間のかかることやってくれるかしら……」

ナツさんの中では、住所がわかった安心より、これからの道のりへの不安のほうが大きくなっていきました。

解説編

◆海を越えて届いた手紙

甥と姪には、会計事務所から手紙を出すことになりました。甥の住所は戸籍や住民票で確認できました。しかし、外国に住んでいる姪の住所は確認できません。そこで他の親族から何とか教えてもらいました。手紙の主な内容は「信一さんが亡くなった。相続の手続きがあるので説明する時間をいただきたい。まずは電話で連絡してほしい」というものです。手紙を出しても、向こうから連絡が来ないかもしれません。とくに姪については、教えてもらった住所に住んでいなければ、宛先不明で手紙を届けられない可能性もあります。でも電話番号はわかりませんから、手紙を出すしか方法はないのです。

アメリカ在住の姪との話し合いは、難航するかと思いきや、予想より早く連絡がきた上、話はスムーズに進みました。

「彼女は海外生活が長いようですね。サイン証明や在留証明のこともご存じで、快く引き受けてくださいましたよ」

最大の難関はクリアしたようでした。

◆心の距離はアメリカよりも遠く…

あとは、隣の市に住んでいる甥だけです。

「甥御さんから連絡ありました？」

「それが……」

手紙を出してから、すでに1カ月が経過していました。でも、会計事務所に甥からの連絡は来ていませんでした。

「忙しくて、お忘れになっているだけかもしれません。もう一度、お手紙を出してみます」

会計事務所から2度目の手紙を出しましたが、やはり音沙汰はありません。さらに1カ月様子を見て、もう一度手紙を出したところ、今度は受取を拒否されてしまいました。ただ受取拒否のおかげで、その住所に住んでいることだけは確認できました。

「お宅からあまり遠くないと思うのです。直接訪ねてみていただくのはどうでしょう」

「でもずっと会っていないし、私ではちゃんと説明できません……」

こうして、会計事務所の担当者が甥の家に通うことになりました。1度目は留守。郵便受けにメモを残して帰りました。2度目は在宅でしたが、「僕には関係ない」と門前払いでした。

その話を聞いたナツさんは、夫の妹の旦那様に事情を話し、何とか説得してほしいと頼みました。3度目に担当者が訪問したときも甥は少々不機嫌でしたが、父親の説得のおかげか、ようやく説明を聞いてくれました。
甥は、父親から伯父が亡くなったことは聞いていましたが「ほとんど付き合いのなかった伯父の遺産なんて、もらわなくていい。書類を取り寄せるなどの手間もかけたくない」と思っているようでした。でも、1人が協力してくれないだけで、すべてが頓挫してしまいます。そうなれば、遺産分割も、信一さんの銀行口座の解約もできず、ナツさんはとても困ることになるのです。

担当者は、根気強く説得を続けました。その結果、甥は渋々ながら、現在戸籍や印鑑証明等の取得に協力してくれました。これで遺産分割協議も進められるでしょう。担当者は胸をなでおろしました。

気づけば、ナツさんが会計事務所を訪ねてから、半年以上たっていました。心配していた海外に住む人よりも、近くに住む人のほうが、心の距離がはるかに遠かったのです。ナツさんは、これまでの出来事を振り返り「人の気持ちはわからないものだな」と思いました。

提案編

◆関係性を保つ重要性

兄弟姉妹とは交流があっても、甥や姪とは直接連絡を取り合っていない……というのは、珍しいことではないでしょう。特に配偶者側ならばなおさらです。

甥、姪が小さい頃は家族で行き来していても、独り立ちしたり、結婚して家庭を築いたりすると関係が希薄になりがち。普段の生活では、それで何も問題はないかもしれません。

ただ相続が発生すると、連絡先がわからないことが大問題になることがあります。特に子どもがなく、兄弟姉妹が相続人に、またその子どもたちが代襲相続人になるケースです。

ナツさんは、今回の相続によって、甥や姪とも関係性を保つことの大切さを痛感したでしょう。

◆遠い親戚は年賀状だけでも

今回は、幸いなことに全員と連絡が取れ、印鑑証明書や住民票の取得にも協力してくれることになりました。相続に関連する手続きでは、遺産分割、銀行口座の解約、不動産の名義変更など、相続人全員の印鑑証明書や現在戸籍が必要な場面は多くあります。もし誰か1人でも連絡が取れなかったら、連絡ができても拒否されたら、何も進められなくなってしまうのです。所有者不明の不動産が社会問題になっていますが、その背景には、こういう事情の積み重なりがあるようです。

この事例から、親族の連絡先を知っておくことの大切さを学ぶことができます。できれば、住所、電話番号、メールアドレスなど、複数の連絡方法がわかっているとなおよいでしょう。同時に、お互いを気にかける、たまには連絡してみることも大切ではないでしょうか。

最近は出す人が減っている年賀状ですが、年に一度はお互いの近況を確かめ合う、住所を連絡し合うという意味では、大事な文化と言えるのかもしれません。

column

相続手続きは自力でできる？

相続には、遺産分割協議、金融機関等の名義変更、不動産の名義変更など、多くの手続きがあります。方法はＷＥＢサイトで調べたり、手続き先の役所などに問い合わせられますが、シンプルな相続に思えても想像以上にやることが多くて複雑です。

たとえば、遺産分割には、相続人と財産を確定する作業があります。相続人については、亡くなった方の出生から死亡までのすべての戸籍をそろえて、他に相続人となる家族がいないことを証明しなければなりません。引っ越しや転籍があると、各自治体で手続きが必要です。財産を確定するにあたっては、家族が知らなかった不動産がないかどうかも確認しなければなりません。

また非課税枠や控除など、利用できる制度もいろいろありますが、すべてを把握して何が利用できるのか検討するのも難しいでしょう。

自力で行うメリットは専門家に依頼する費用がかからないことですが、うっかり見落としたり、間違える可能性もあります。法律や税金に関しては、罰金などのペナルティーを科せられることもあります。やはり、早い段階で専門家に頼るのがお勧めです。

海外と日本の相続手続きの違いにより、相続に時間がかかる事例

こんなに違う！日本と海外の相続。思うように進まない海外相続の落とし穴

香港に不動産を持っていた亡父。遺言には長男が引き継ぐよう書かれており、もめることも何もなかった。しかも生前、父は「香港の不動産には相続税は発生しないから」と言っていた。しかし、いざ相続手続きを進めようと、専門家に相談してみると、日本と海外の相続で異なるポイントが次々と出てきた。

相続関係図

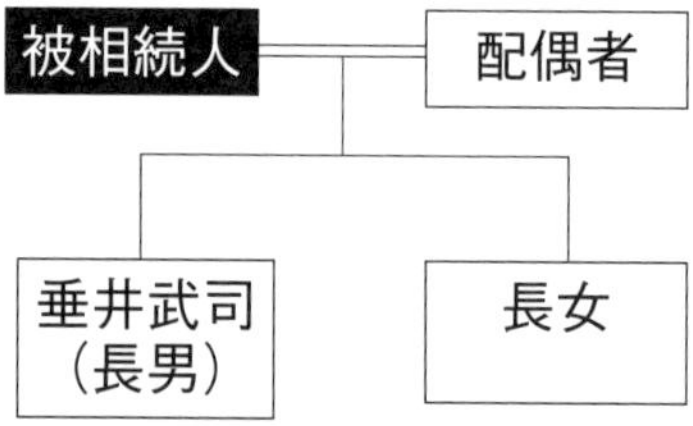

問題編

◆遺言はある、でも気になる海外資産

垂井武司さんのもとに訃報が。お父様が86歳で亡くなったとのことでした。武司さんは「ついに来たか」と思いました。すぐにアプリから連絡をすると、しょげくれた様子のお母様の声が聞こえてきました。しかし、武司さんは意外と冷静でした。

お父様は、高齢になってから「僕が死んでも困らないようにしておく」と言うのが口癖のようになっていました。特に長男の武司さんには、自分の財産の相続についても折に触れて話していたのです。武司さんは「相続のことも考えて、遺言を作ってある」と話していたお父様の言葉を思い出しました。

お父様の遺言はこうです。不動産については、自宅の土地と建物は妻に、香港のコンドミニアムは武司さんに、日本国内の賃貸物件は長女に。金融資産は、妻に1／2、子どもたちにはそれぞれ1／4ずつ。家族関係のよい垂井家にとって、この内容で何も問題はなさそうでした。

ただ一つ気になるのは、香港のコンドミニアムのこと。お父様は、海外に支社を持つ会社に勤務しており、香港支社に数年単位で何度か赴任していました。そのため、香港にコンドミニアムを所有していたのですが、その扱いについては武司さんもあまり把握していなかったのです。

「親父は『香港に相続税はない』と言っていたし、遺言も公正証書遺言だからスムーズに進みそうだな」

海外資産の相続という不安材料はあるものの、武司さんはあまり深刻には考えていませんでした。

◆現地の法律に基づいて相続？

納骨も終え一段落したある日、武司さんは、海外の財産の扱いに詳しいという税理士を訪ねました。相続税の申告について相談するためです。

しかし、いろいろな書類に目を通している税理士の顔つきは「問題あり」という表情に見えました。会議室にいやな沈黙が流れました。

「あの……この遺言で何か問題はありますか」

「公正証書遺言ですし問題はないと思いますが、海外に財産がある場合は現地の法律に基づいて相続するので、手続きが複雑で時間がかかることは覚悟していただかなければなりません」

日本の制度にのっとって作成し、有効であることが認められている遺言書でも、そのまま海外で通用するとは限りません。それを確認するには、遺言書を現地の言葉に翻訳し、現地の専門職に委任するなどしなければなりません。遺言書が認められたとしても、香港では「プロベート」という手続きを経なければ遺産を分割できず、このプロベートに時間がかかるのです。

◆香港に相続税はないけれど

武司さんは、もう一つ気になっていることがありました。

「父から、香港には相続税はないと聞いていたのですが、それは間違いありませんよね」

「はい、そこは間違っていません。ですが、香港に相続税がなくても、日本国内の財産と同様に日本の相続税の対象になります」

武司さんは混乱してきました。心配していなかったお父様の遺産相続は、にわかに雲行きが怪しくなってきたのです。

残される家族のことを考えてくれていたお父様。その遺産相続はどうなるのでしょうか。

解説編

◆プロベートは必須、かつ長期間

「遺言書もあるしスムーズにいくだろう」と考えていたお父様の相続ですが、海外の事情をよく知らなかったがために、香港のコンドミニアムが問題になってしまいました。

まずプロベートについて説明しましょう。これは、遺産分割を行うための裁判所手続きで、遺言の有無に関わらず必要なものです。日本にはない手続きなので、初めて知ったという方もいることでしょう。しかし、香港だけでなく、シンガポール、マレーシア、アメリカ、イギリス、カナダなどで行われている方法です。

日本の場合、遺言がなければ遺産分割協議を行って、相続人全員が署名、捺印した遺産分割協議書を作成します。プロベートの場合は、被相続人の財産をいったん、遺産財団に帰属させ、裁判所が任命した遺産管理人（遺言書がある場合は遺言執行人）が債務の精算、納税などの遺産管理を行います。こうした手続きを経て裁判所の許可を得てからでなければ、遺産を分割することはできません。

プロベートは、最低でも半年から一年、場合によっては二年、三年かかることもあり、遺産分割を終えるまでに多大な時間を要することになります。たとえば不動産を売却したいと思っていても、プロベートを終えるまでは、手をつけることができません。

また通常は、プロベートを現地の弁護士に依頼しますが、日本から現地の弁護士を探すのは大変ですし、海外の専門家の報酬は一般的にはとても高額です。プロベートが長くなればなるほど、手続きのための費用もとてつもない金額になってしまいます。

◆日本の相続税はかかる

もう一つは、相続税の問題です。

お父様から「香港に相続税はない」と聞いていたため、武司さんは「香港のコンドミニアムに関しては相続税ゼロ円」だと思っていました。しかしこれは誤解。税理士が話していたように、香港に相続税はありませんが、日本の相続税は日本居住者が持っている海外の資産も対象です。

遺産を分割するには、まず香港でのプロベートを進めるしかありません。武司さんは、税理士から現地の専門家を紹介してもらいました。ただし、武司さんが現地の専門家と直接やりとりをするのは難しいため、今の税理士に間に入ってもらうことにしました。お父様が作成した公正証書遺言を翻訳し、その他、必要な書類をそろえて現地に送ることになりました。

遺産分割は、香港のプロベートが済んでから。今は、プロベートが短期間で終わるよう祈るだけです。

武司さんは「海外の資産は相続のときが大変だから」と、一段落したら相続した香港のコンドミニアムを売却しようと考えています。

提案編

お父様が香港に所有していたコンドミニアムを巡っては、日本と海外の法律や制度の違いから、問題が浮上しました。どのようにしておけばよかったのか、一つずつ見ていきましょう。

◆プロベートを回避する方法も

プロベートは時間と労力のかかる手続きであると紹介しましたが、回避する方法もあります。ただし、いずれにしても生前に対処しておかなければなりません。たとえば不動産の「ジョイント・テナンシー」（共同所有）、銀行口座の「ジョイント・アカウント」（共同口座）はプロベートを回避することができます。また国によって制度も異なりますので、日本在住の日本人が海外資産を持つ場合には、専門家のアドバイスが必要でしょう。

◆相続税のない国の資産も税対策にならず

次に「香港は相続税がない」ということ。お父様は「香港に物件を持っていれば、相続税対策になる」と考えていたのかもしれません。でも日本の相続税の対象となるため、お父様の期待していた効果はなかったと言えるでしょう。また海外の不動産の評価額は、市場価格を日本円に換算しますから、円相場の影響を受けて円安の場合は相続税額も高くなります。もしお父様が日本で相続税が課税されることを知っていたら、香港の不動産以外の相続税対策を考えたかもしれません。

日本にいると相続税は当たり前ですが、相続税（遺産税）は、香港をはじめ、中国、シンガポール、オーストラリアなどにはありません。世界的に見ると、実は相続税がない国のほうが多いのです。一方、相続税がある国でも、日本のように相続を受けた人が納める国（ドイツ、フランス、スペイン、スイスなど）と、亡くなった方が納めるかたちとする国（アメリカ、イギリス、台湾など）があります。

では、海外に不動産を所有しており、その国でも相続税を課せられる場合には、両方の国で相続税を納めることになるのでしょうか。そうではありません。両国で相続税がかかる場合には、居住地の国にて税額分の控除（外国税額控除）を受けることができます。

もう一つ付け加えておくと、相続税のない国でも、地域の事情によって地方税が課せられる場合があります。不動産を「配偶者が相続すれば地方税ナシ、子どもが相続すると地方税アリ」という法律です。香港の一部の地域にもこのような法律があります。もしお父様のコンドミニアムが対象地域にあったら、遺言書どおりに武司さんがコンドミニアムを相続すると地方税がかかることになり、さらに問題が複雑になっていたかもしれません。

◆遺言書は国ごとに

海外に資産がある場合は、遺言書の作り方もよく考えるべきでしょう。お勧めは、財産がある国ごとに、その国の制度に沿った遺言書を、その国の言語で作成しておくことです。お父様の場合ならば、日本に保有している不動産や金融資産は日本の制度にのっとった遺言書、香港のコンドミニアムについては、香港の遺言書ということになります。遺言書の書き方も国によって異なりますから、その国の事情に詳しい専門家に相談するほうがよいでしょう。

このように、日本と海外の各国では、相続に関する法律や制度が異なります。海外の資産の扱いについて、日本の相続の知識だけで考えていると、残された人たちは相当な時間と費用をかけなければならない可能性があります。繰り返しになりますが、海外資産の相続や生前対策をお考えの方は、海外の事情に精通した専門家のアドバイスを受けることをお勧めします。

とは言え、なかなかそういう専門家を見つけるのは難しいかもしれません。もし、そばにそのような専門家がいるのなら、すぐに相談してみるのも手です。

column

ジョイント・アカウントとは？

海外に銀行口座を持っていることもあるでしょう。プロベートが必要な国の場合は、金融資産もプロベートの対象になりますが、「ジョイント・アカウント」ならばプロベートを回避できます。ジョイント・アカウントとは、夫婦、家族など、複数の個人が共同で開設した銀行口座のこと。各名義人は、それぞれ単独でお金を出し入れできます。名義人の1人が亡くなると、自動的に他の名義人に所有権が移る仕組みなのでプロベートを回避でき、口座が凍結されることもなく「生活費が引き出せない」という問題も起こりません。ただし、資金の拠出割合で日本での贈与税が発生する場合があります。たとえば夫婦のジョイント・アカウントで、夫が100％資金源の場合、妻が生活費を引き出しても贈与税の対象にはなりませんが、妻が高額のものを購入した場合などは贈与税の対象です。また名義人の1人が亡くなって、他の名義人に所有権が移った場合、亡くなった方の資金の拠出割合相当は日本の相続税の対象です。たとえば、亡くなった夫が100％資金源の場合は、その口座のすべてのお金が相続税の対象となるのです。

◆著者・編集者◆

セブンセンス税理士法人

徐 瑛義　グループ代表／税理士・行政書士
布施 永善　代表社員(静岡オフィス)／税理士
井本 壮一郎　代表社員(東京赤坂オフィス)／税理士
高橋 伸二　パートナー(東京上野オフィス)／税理士・社会保険労務士
京増 真一　パートナー(千葉オフィス)／税理士・CFP
上分 祥江　ディレクター(東京上野オフィス)／AFP
金田一 喜代美　国際資産税部シニアマネージャー(東京赤坂オフィス)／税理士・CFP
岡田 直紀　資産税部部長(山陰オフィス)
深見 秀幸　資産税部マネージャー(静岡オフィス)
松井 由佳　資産税部リーダー(静岡オフィス)
松永 昌美　資産税部コンサルタント(静岡オフィス)

seventh sense

セブンセンスグループ

セブンセンスグループは50年以上の歴史の中で日本全国の多くのお客様の課題解決を支援してきました。ITを活用した業務体制をはじめ、医療や相続などの業務特化への定評や、9か国語に渡る多言語対応に外資系企業から寄せられる信頼も厚く、業界最先端の会計事務所グループとして日本全国の多くのお客様に選ばれています。

セブンセンス税理士法人／セブンセンス社会保険労務士法人／
セブンセンス行政書士法人／セブンセンス株式会社／株式会社アイクス／
株式会社東京ビジネスセンター／セブンセンスマーケティング株式会社／
セブンセンスR&D株式会社

専門家も驚いた **遺言・相続の内輪話**

2023年1月20日　初版第一刷発行

編 著 者　セブンセンス税理士法人
発 行 者　湯浅三男
発 行 所　金融ブックス株式会社
東京都千代田区外神田6-16-1
Tel.03-5807-8771　Fax.03-5807-3555

編　　集　三坂輝プロダクション
執筆協力　杉本恭子
デザイン　岩城奈々
印刷・製本　モリモト印刷株式会社

ISBN978-4-904192-94-8　　C0032